渋沢栄一 100の金言

渋澤 健

nbb
日経ビジネス人文庫

はじめに　なぜ、ふたたび、渋沢栄一なのか

渋沢栄一はロックだ

近年、渋沢栄一への関心がますます高まっています。およそ五〇〇の会社の設立に関与し、「日本の資本主義の父」と言われる明治・大正時代の実業家に、今の時代の日本人だけではなく、海外の人々まで関心を寄せるのは、栄一の生き方や考え方に、懐かしい響きを感じるからではないでしょうか。

また、私が設けている「『論語と算盤』経営塾」には渋沢栄一に興味を持つ方々が集まってきてくれます。栄一の思想を解読する講義を受講する形式ではなく、塾生同士のディスカッションを通じて「渋沢栄一」を自分自身のストーリーとして落とし込むことがこの塾の狙いです。

塾生は二〇代から七〇代と年齢層の幅が広く、一般社員から経営者の男女までというダイバーシティーにも富んでいますが、皆さんの共通点は意識が高いことです。色々な気づきが自然的に生まれてくる「対話の場」で、日常の垣根を越える知的交流が盛んです。

ある日、塾生が発表の際に熱く発した気づきが印象に残りました。

「渋沢栄一はロックだ。」

今まで、渋沢栄一をロック・ミュージシャンと評したのは聞いたことがなく、意味不明な叫びに会場が静まりました。しかし、彼の説明を聞いてみたら、なるほど、確かにそうかもしれないと、腑に落ちてきました。

クラシックやジャズと比べると、ロックとは「自分の生き方」を最も主張する音楽のジャンルです。今までのあり方や既存の常識に対抗旗を揚げて、自分が正しいと信じるあり方を提唱するのがロック。

渋沢栄一は、江戸時代の終末期の封建制度のあり方や常識に対抗し、明治時代・大正時代という新しいあり方や常識をつくり、そして、生きました。そういう意味で、高度成長時代が終わり「新しい成長」の時代のあり方や常識を探っている現在に、渋沢栄一が大勢の人々に響くのかもしれません。

また、ロックの特徴は激しいビートサウンドですが、渋沢栄一の言葉を読むと、決して護送船団的な「やさしい資本主義」ではないということがわかります。かなり激しいビートを感じるところが少なくないのです。栄一の丸型の顔と異なり、思想はかなり尖《と》がってエッジがあるのです。

そして、ロックの曲は基本的に三つのコードでつくれますが、渋沢栄一も基本的に三つの本質で表現できます。固定観念の垣根にとらわれることない「知恵」、自分のことだけではなく他人にも手を差し伸べる「情愛」、そして、国家社会の発展のために身を尽くすという揺るがない「意志」です。

渋沢栄一のロックのビートを、ぜひ、遺してくれた言葉を通じて体感してください。

渋沢栄一が遺した財産

時々、私が渋沢栄一の玄孫《やしゃご》(孫の孫)であると知って寄り添ってくる人たちがいます。「日本の資本主義の父」の子孫であるから、たくさん財産を持っているに違いないと思っているようです。

しかし、渋沢栄一の関心ごとは、国家繁栄に尽くすことであり、自分の一族や子孫に財産を遺すことにそれほど関心が高くなかったようです。したがって、自分はサラリーマン家族に生を受けました。会社を受け継いだこともなく、莫大な金銭的財産や不動産を相続したわけでもありません。

しかし、このような財産は、下手に管理すると減ってしまいます。全くなくなってしまう場合もあるでしょう。一方、上手に管理して増やしても、税金を取られてしまいます。

ただ、自分が独立して初めて会社を設立した二〇〇一年頃に、実は渋沢栄一は自分にかけがえのない貴重な財産を遺してくれたことに気づきました。この財産は減ることはありません。税金もかかりません。なぜなら、この財産は「言葉」であるからです。

小学二年生から大学を卒業するまで米国で育ち、社会人になってから基本的に外資系企業に勤めた自分は、実は、それほど渋沢栄一の存在を強く意識していたわけではありません。しかし、栄一が遺してくれた言葉を通じて、自分が生を受ける三〇年前にこの世を去った高祖父と心の中で色々と「対話」するようになりました。

渋沢栄一が「論語」など中国古典の思想を自分の経済活動に沿うストーリーとして落とし込んだように、自分は「論語と算盤」など渋沢栄一の思想を自分なりに解釈して、自分のストーリーに落とし込むようになったのです。

渋沢栄一のエッジが効いた言葉と出合うことがなければ、自分の栄一の姿は、他人が研究して描いたクラシックな人物に留まっていたかもしれません。

新しい時代は、今回が初めてではない

「歴史が繰り返すことはない。しかし、韻を踏む」。米国作家のマーク・トウェインの名言と言われますが、過去にあったことが、そのまま、ふたたび起こることはないかもしれないが、リズミカルな響きがあるということです。

渋沢栄一など過去に功績を築いた人物の言葉を参考にすることは、その過去の時代にノスタルジアを感じて戻りたいということではありません。あくまでも、そのリズムを感じ取り、これからの私たちの新しい時代を拓くために大事なのです。

現在、日本は新しい時代を拓くことが不可欠です。ただ、日本が新しい時代を拓くことは、今回が初めてではありません。だから、渋沢栄一の言葉は、過去のものだけではなく、これから新しい時代を拓く日本人には参考になるはずです。

このような思いで、二〇〇七年に刊行した『巨人・渋沢栄一の「富を築く一〇〇の教え」』という単行本が、二〇一〇年に『渋沢栄一 一〇〇の訓言』という文庫本として刊行され、現在でも重版されているロングセラーとなっています。

もっと、栄一の言葉を世間に伝えたいという思いが叶い、二〇一三年に単行本の『渋沢栄一 明日を生きる100の言葉』が刊行され、手頃に読者の皆さまが手に持っていただくために、この度、文庫本の本書が誕生することになりました。ここで言う

「金」とは、決して物質的豊かさを示しているのではないので、お間違いなく。「金」は耐久性がありながらも、性質的にはやわらく、作り手が表現したい形へ加工できます。そして、磨けば、永遠に輝くことができます。これからの新しい時代への期待を込めた象徴です。

前回の「一〇〇の訓言」と同じように、今回の「一〇〇の金言」も栄一から一〇〇の言葉を借りて、ひとつずつ見開き二ページで紹介しています。一ページ目にはキーワードを記し、そのキーワードの背景となる渋沢栄一の言葉を引用し、さらに現代語に直したものを付けています。また、翻訳ではありませんが、そのエッセンスを英語でも記しています。

そして、二ページ目には、渋沢栄一の言葉を二一世紀の文脈のショートエッセイで解釈しました。栄一の実際の言葉を噛み砕いた内容と私の考えとが融合されています。まさに、渋沢栄一を自分のストーリーとして落とし込んだ試みです。

最初の「一〇〇」の書き下ろしは、リーマン・ショックの前でした。そういう意味では、前回と比べて今回の「一〇〇」を書いた日本社会の環境と自分の立場が異なっており、それが行間からうかがえるかもしれません。

これからの人生を切り拓き、苦境を乗り越えるために栄一は、どのようなヒントを遺してくれたのか。また、親として子供たちに伝えたい幸せな、正しい生き方のメッセージを栄一の言葉と共に整理しました。次世代には、信頼される人となり、本当に豊かになる生き方を示したいです。

読者の皆さまも、本書のページをめくり、ぜひとも渋沢栄一の言葉を自身のストーリーメイクの題材として活用してください。ひとつの正しい答えを求める画一的な時代は終わりました。多様な価値観が混在する時代では、複数の正しい答えがあって当たり前です。年齢、経験を問わず、これからの輝く時代を拓くために必要とされることは、先人の英知を用い、正しく問いかける姿勢ではないでしょうか。

渋沢栄一 100の金言■目次

第2章 苦境を乗り越える

第3章 幸せな生き方

第4章 正しい生き方

第5章 信頼される人になる

第6章 本当に豊かになる生き方

第7章 良い社会のための経営

第8章 国家と世界平和づくり

第1章

人生を切り拓く

1 思い通りにならないことが普通

No need for worry.
Just set the course for progress

不自由を世の常と思わば、
別に苦情も起らなければ、
下らぬ心配も起るはずがない。
かくてその志すところの事に従うがよい。

【「渋沢栄一訓言集」・立志と修養】

†

現代の言葉で言うと……

思い通りに事が進まないのが普通の状態と思っていれば、
特に苦情はなくなり、くだらない心配事もなくなる。
こうして、自分が目指したいところへと進むべきである。

あの丘の向こう側に行ってみたい気持ちが大切

車を運転しているとき。仕事を進めているとき。誰でも、自分の思い通りにならないことが不満になります。親が、子供が、妻が、夫が……。イライラするときもあるでしょう。

しかし、自分の思い通りにならない、不足を感じることが普通なのです。完璧に満足というものを手に入れることはあり得ないと自覚するべきではないでしょうか。

この世において、不自由であることが普通の状態であると思っていれば、別に苦情は起こらないし、くだらないことに心配をする必要もありません。

かえって、常に満足していたら、前に進みたいという気持ちがなくなります。

何かやりたい。

何かほしい。

あの丘の向こう側に何があるのか見てみたい。

だから、行ってみたい。

このような姿勢が大切で、自分が目指したいという気持ちに従って、進み続けるのです。

2 長所を活かして自分のレールを敷こう

Use your abilities.
That is the meaning of life

それは自己の長じたる手腕にせよ、
それを十分に発揮して力の限りを尽くし、
もって君父に忠孝を致し、
あるいは社会を救済しようと心掛ける。

【「論語と算盤」・理想と迷信】

†

現代の言葉で言うと……

自分の長所になる才能や能力を最大に活かすことによって、
自分が置かれた立場に忠実に努め、社会に尽くし、
自分自身で人生のレールを敷こう。

豊かな人生を送るために大切なこと

前の時代は、自分の人生観について深く考える必要がなかったのかもしれません。なぜなら、「成功への道」のレールが敷いてあったから。

良い大学に入れれば、良い企業に就職できて、終身雇用・年功序列に守られながら豊かな人生を送ることができました。

ただ、今の時代は違います。この時代に生まれてきた以上、自分自身が考え、方向を定めてレールを敷かなければ、迷子になってしまいます。

そのために大切なことは、自分の長所を活かし、手腕を振るって十分に力を発揮し、仕事と社会の当事者として力を尽くすことの自覚です。

一方、自分は自分のために生まれてきた。他人のためや社会のために自分を犠牲にする必要はなく、自分の本能を満足させて、自我を主張するという考えもあるでしょう。

しかし、この考えが主流になってしまえば、社会は衰退してしまうでしょう。豊かな人生の持続性には社会の繁栄が必要で、社会のために自分の長所を活かすことが大事なのです。

3 成功や失敗は身に残るカス

Success or failure is the leftover from your efforts

人を見るに、単に成功とか
または失敗とかを標準とするのが
根本的誤りではあるまいか。
成敗は身に残る糟粕《そうはく》。

【「論語と算盤」・成敗と運命】

†

現代の言葉で言うと……

成功や失敗を人の判断の基準とすることは
基本的に間違っているのではないか。
成敗とは人生の残り物に過ぎない。

日々の努力があるからこそ運命が拓ける

多くの人々は、成功や失敗ということだけを眼中に置いています。それは、自分の実質を見落としているからで、自分の命のカスに等しい金銭的財産を成果としているからです。

そもそも人を見るときに、あの人は成功したとか、または失敗したということを標準とするのが根本的な誤りではないでしょうか。

自ら運命をつくるとよく聞きますが、運命のみが人生を支配するのではありません。自分の知恵を使って努力するからこそ、はじめて運命を開拓することができるのです。

知恵が乏しく、いざというタイミングのときに機会を逃したら、成功は遠のいてしまいます。

ときには善人が悪人に負けているように見えます。しかし、長い間の善悪の差は確然とつくものであり、自分の知恵を蓄え、誠実に努力すれば必ずその人は運命を開拓できるのです。

目先の結果に目を奪われて、焦る必要はありません。

4 見かけによらない成功と失敗

Don't judge success or failure only by their appearance

世のいわゆる成功は必ずしも成功ではなく、
世のいわゆる失敗は必ずしも失敗ではない。

【「論語と算盤」・成敗と運命】

†

現代の言葉で言うと……

一般的に言われる成功は必ずしも成功ではなく、
失敗は必ずしも失敗にならない。

失敗を将来の成功にする姿勢

「見える」事柄のみを根拠として成功とか失敗とかを判断すると、真実を見逃すことがあります。

世間がいう成功は、必ずしも成功ではありません。

世間がいう失敗は、必ずしも失敗でもありません。

もちろん、会社経営の場合、現実的な成果を上げることが目的です。もし失敗すると、出資者やその他の多くの人に迷惑や損害をかけることになるので、何がなんでも成功するように努める意志が大切です。

しかし、たとえ一時は失敗のように見えても、長い時間のうちに努力は実り、立場や状況は違うかもしれませんが、成功として必ず認められます。

米国では、ベンチャーの現在の失敗が将来の成功の源として評価される場合がありまず。それは、失敗したときに現れる当事者としての人格や姿勢が大きな判断材料となるからです。

ただ大言を吐いて、できぬ目標ばかり立てて、少しも努力することがないようであれば、一〇〇年経っても到底、失敗に終わり、最後まで成功を得ることはありません。

5 目前の成敗は人生の泡に過ぎない

Success or failure is merely a temporary bubble

一時の成敗は
長い人生、価値の多い生涯に於ける
泡沫《うたかた》のごときものである。

【「論語と算盤」・成敗と運命】

†

現代の言葉で言うと……

そのとき、そのときの成功や失敗は、
長い人生、価値ある生涯において、一瞬のバブルに過ぎない。

生まれたときからすでに「成功」している

そのときの成功とか失敗というものは、長い人生において泡のようなものです。それほど神経質になる必要はありません。

自分という存在がこの世に生まれてきたことを確率的に計算しようとすれば、すぐにわかります。まさに我々一人ひとりの存在は奇跡であり、生まれてきただけで既にあり得ないほどの倍率で勝ち残った「成功者」であることに。

記憶を超える古代からの世代で、自分の先祖のたった一人でもそのときに違う相手と結ばれていたら、今の自分は存在していません。

せっかく頂戴した命です。楽しく前向きに生きるべきではないでしょうか。

志した方向に向かって、必ず進みましょう。

行わない志は、空砲であり、無駄花に過ぎません。

最終的には、我々皆には死という同じ「結果」が待っています。誰も、避けることができません。しかし、「結果」が同じだから意味がないわけではありません。「結果」が同じであるからこそ、意味ある人生を送れる貴重な幸運に、私たちは感謝すべきです。

6 未来への理想を信じよう

Have hope, and believe

未来のことに向かって
是非とも理想は持つべきものである。
もっとも重要なるは信である。

【「論語と算盤」・理想と迷信】

†

現代の言葉で言うと……

未来に向かって、ぜひ、理想を持とう。
その際に最も重要な要素は信じることである。

日本人は信を自覚して希望を持とう

未来に向かって、理想を持ちましょう。そのために、「信」という一文字、これを守ることが基本です。

その昔、外国からの日本人の評価は高かった時代がありました。日本が先進国への仲間入りに励んだ明治時代では「道理ある希望を持って活発に働く国民」であると言われました。

ただ、最近はどうでしょう。外国人が日本人を評価するときに「希望」とか「活発」という言葉で表現することはありません。

どこかで日本人は世界に対して、信という一文字を守ることができなくなっているというイメージを定着させてしまったのです。

日本の株式市場から活性が失われ、外国人から見捨てられていると嘆く日本人が少なくありません。しかし、国民が自分たちが勤める会社の資本を集積する自国の株式市場に「信」を寄せないのに、外国人に頼るということは、あまりにも虫がよすぎる話ではありませんか。日本の未来に希望を持つには、信という一文字が、健全に行われている道理が不可欠です。

7 目標と行いは矛盾してはならない

Synchronize life's goal setting and daily expectations

大なる立志と小さい立志と矛盾するようなことがあってはならぬ。

【「論語と算盤」・立志と学問】

†

現代の言葉で言うと……

人生の大きな目標設定と日々の行いが矛盾してはならない。

大小の歯車が噛み合うことが大切

私たち凡人は、人生目標に志を立てても、常に迷いを感じます。だから、目標を立てる前から、きちんと物事を判断することが大事なのです。

まず、冷静に自分の長所や短所をしっかりと自覚する必要があり、自分が最も長じるところに向かって志を定める方向を設定します。

また同時に、現在置かれている環境が自分の志を実践することを許すかという判断も必要です。

根や幹になるような方向性を定めることができた後は、枝や葉になるような小さな行いを日々工夫することが大事です。日頃の物事に接して、どのような期待があり、それを遂げるために何をすべきか考えることが小さな立志です。

つまり、人生の目標設定という大きな立志と、日々の行いの小さな立志の両方が必要であり、両者が矛盾してはならないということです。自分をよく知り、身の程をよく考えて、それに応じた日々の行いが歯車のように噛み合うことに努めましょう。

8 骨太の目標設定で倒壊を防ぐ

Sturdy goal setting prevents cllapse

立志は人の一身の建築するところの骨子であるから、しかとそれらの組み合わせを考えて志を立てぬと、せっかくの建築が、半途で壊れる恐れがある。

【「渋沢栄一訓言集」・立志と修養】

†

現代の言葉で言うと……

自分の将来の目標を自ら立てる際には、骨太でしっかりと組み合わせないと、途中で倒壊する恐れがある。

揺るがない意志とは頑丈に組み立てるもの

人生の目標を設定して、これを成し遂げようと志を立てることは、真っ直ぐな道で目指すべきというイメージがあるかもしれません。

しかし、このように志を立てるときには、真っ直ぐな線を延長するのではなく、頑丈な骨子を組み立てるイメージのほうが大事です。

つまり、様々な価値観や視点というパーツの組み合わせをきちんと考えることが立志なのです。

揺るがない意志が単に真っ直ぐの線であれば、大きな風から直撃されたときに、ポキッと折れてしまうかもしれません。特に、急いだ場合は、細く延びてしまう傾向があります。

揺るがない意志を育むために重要なことは、骨太の組み立てをじっくりと建てる心構えです。これが、仮に台風の直撃を受けたとしても倒壊しない、立志の最善策になります。

9 順序を踏み、焦らないようにしよう

Stay on course and don't rush

物事は順を追って行くが良い。
決して焦ってはならない。

【「渋沢栄一訓言集」・一言集】

†

現代の言葉で言うと……

物事の順序を踏むことが大事で、決して焦ってはならない。

人生という頂戴した大切な時間を楽しむ

物事を運ぶには順序が大切であり、決して焦ってはなりません。

例えば、小説の一番最後を、最初に読んでしまったら面白いでしょうか。これから、ワクワク、ドキドキしながらストーリーが展開するから小説に吸い込まれていくことができるのです。

また、目標に向かって猛突進しているときにも気づいてほしいです。ゴールを目指す道端から歓声が湧いていることに。また、所々にきれいな花が咲いていることも。

私たちの日常生活は忙しく、気がついたら人生があっという間に終わっています。焦っても焦らなくても、私たちがこの世に与えられている時間は同じです。

せっかく、頂戴した大切な人生です。焦らずに、一歩一歩を確かに踏み、楽しみながら進むことを大切にしましょう。

第2章

苦境を乗り越える

10 タイミングを上手に待とう

Wait for the right timing

争いを強いて避けぬと同時に
時期の到来を気長に待つということも、
処世の上には必要欠くべからざるものである。

【「論語と算盤」・処世と信条】

†

現代の言葉で言うと……

いつも争いを避けるべきではないが、
よいタイミングを待つことは世渡り上手に不可欠な姿勢である。

争いを避けて勝つ決断力

絶対に争いを避けようと逃げ回っているようないじけた根性では、進歩する見込みも発達する見込みも全くありません。

ただ、単純に争いたいから争うことは明らかに愚かです。

争いを無理に避けないことと同時に、良きタイミングが訪れることを気長に待つことは、この世でゆったりと暮らすために大事な姿勢です。

この世の中では色々なことがあり、自分の価値観とは相容れない許せないこともしばしば起こります。争ってみたいという感情が込み上がってくるときもありますが、良いタイミングで実行しないと大勢を一変することはできません。

争いを避けるということは、逃げているわけではありません。負けを認めている、恥をかくということでもないのです。

あえて今は争わず、じっと状況を把握しながら、時機を待って構えながら、環境や援護が整ったタイミングが訪れたときに速やかに実行する決断力が不可欠です。

11 クヨクヨすることをバネにしよう

Use your worries as a springboard for the future

くよくよと暮らす所に案外大なる徳がある。

【「渋沢栄一訓言集」・一言集】

†

現代の言葉で言うと……

不安な状態には、実は未来への希望が潜んでいる。

今クヨクヨすることは将来のためなら大丈夫

誰でもクヨクヨするときがあると思います。自分が置かれた立場に不安を感じ、無力感に襲われたときです。

心理的にクヨクヨしていると、物理的に体調も崩し、物事が、さらに悪い方向へと陥ってしまってクヨクヨするという悪のスパイラルへと引き込まれてしまいます。

しかし、考えようによっては、クヨクヨすることには実は素晴らしい恵みが潜んでいるという視点にも気づきましょう。

クヨクヨした状態が続くと、いずれ、その不安から逃れたい、不足感を埋めたい、不幸を脱ぎ捨てたいという努力への必要性が芽生えてきます。努力が伴うクヨクヨであれば、自然とその人の成長の動機にもなり、活動の源泉にもなります。

そんなの強者論だ。弱者のことを考えていない、という批判もあるでしょう。

しかし、弱者であるから常にクヨクヨしなければならないと決めつけることが、本当に弱者のためになるのでしょうか。「クヨクヨしても大丈夫だよ。なぜなら、それは将来跳ねるためのバネになるから」と可能性を示して、応援する考えのほうが本人のためになるのではないでしょうか。

12 合わないと思っても、避けない

Don't avoid because of distaste

悪人必ずしも悪に終わるものでなく、
善人必ずしも善を遂げるものとも限らぬから、
悪人を悪人として憎まない。

【「論語と算盤」・常識と習慣】

†

現代の言葉で言うと……

「悪い人」でも最終的には悪いことを後世に遺したわけではなく、「良い人」でも良いことができたわけでもない。
したがって、「悪い人」というレッテルを貼らないようにしよう。

憎んだら、その美を知ることはできない

この世の中には、勝手に色々なことを要求してくる人が少なくありません。だから、自分は忙しくて、全く暇がなく、どうせ相手の仕事や性格は自分とそりが合わないから要求に耳を傾ける必要はないであろう、と思う人々が多いです。ただ、自分と合わないと思い込んでいる相手でも、必ずしもそのような状態で終わるものではありません。

また、自分と合っていると思っていた人が、案外、自分の思いと合った結果をもたらすとも限りません。

自分と合わないからと避けることなく、できるものなら、自分と合わないということを知りながら世話をする姿勢も持ちたいです。いずれ、自分と合うかもしれないからです。

憎んで避けてしまうと、その美を永久に知らないまま終わってしまいます。限られた、貴重な人生です。なるべく多くの美と出合うことに恵まれたほうがよいではありませんか。

13 現状維持にはリスクが潜む

Know the risk of the status quo

人は進んで止まぬが世の常であるから、
結局現状維持は、取りも直さず
自分が退歩する勘定になるのである。

【「渋沢栄一訓言集」・処事と接物】

†

現代の言葉で言うと……

世界の人々は常に進み続ける。
だから、現状維持とは結局、何の解決にもならず、
私たちが出遅れることになるだけだ。

足踏みすれば、世界の進歩に出遅れてしまう

現状維持ができれば、特に得ることがなくても、失うこともないので、自分を守っているように勘違いする傾向が少なくありません。

「足るを知る」ためには、「足らない」ということも知らなければならないのです。自分は現状を維持していると思っている場合、他の人たちも同じような状態で現状を維持しているのであれば、それでよいでしょう。ただ、人は常に進んで止まらないことが、この世の中の普通です。

つまり、現状維持とは、本当の意味で現状を維持できているわけではなく、自分が退歩しているということに日本人は特に気づくべきです。

現状維持のことを、投資の世界では「元本保証」と言います。政治や組織では「既得権益」です。いかにも「守っている」感じがしても、実は失っているものは大きい。

なぜ、私たち日本人は「外」や「新しい」ことに不信感を覚え、足踏みするのでしょうか。世界は、私たちのことを待ってくれません。

14 良い運命は自分から招く

Determine your fate proactively

多くの人は自ら幸福なる運命を招こうとはせず、
かえって手前の方からほとんど故意に
ねじけた人となって
逆境を招くようなことをしてしまう。

【「論語と算盤」・処世と信条】

†

現代の言葉で言うと……

ほとんどの人々は自分たちの行動により、
幸福な運命を招こうとしていない。逆に、自分から心をねじけて、
逆境を招いている場合が少なくない。

あきらめることなく、順境や幸福は自ら求めるべき

水に波動があるように、空中に風があるように、平凡な生活や平和な国や社会でさえ、ときには変乱が起こる可能性があります。

変乱の時期や時代に巻き込まれるのは誰でも嫌です。ただ、そのような逆境に立ったときこそ、自分の価値や力量を判断する材料にたくさん恵まれます。

直面している環境において、自分の立場をどのように置くべきなのか考える必要があります。自分から、こうしたいと励んで努力をすれば、大体、その通りになるものであるという「根拠なき自信」も大事です。

ただ、多くの人は自ら幸福になる運命を招こうとしません。かえって、自分からねじけて、逆境を招くことをしてしまいます。

どんなときでも、自分は順境に立ちたい、幸福な生活を送りたい。このような気持ちを持たなければ、そもそも順境も幸福も得られるはずがありません。

15 むやみに頭を突き出して走ると危険

Sticking your head out carelessly can be dangerous

むやみに頭を突き出して駆ければ、
すなわち衝突、顚倒《てんとう》をまぬがれぬ。

【「渋沢栄一訓言集」・一言集】

†

現代の言葉で言うと……

気をつけないで頭を突き出して急ぐと、衝突や転倒を避けることができない。

姿勢を正した全力走でゴールを切る

むやみに頭を突き出して走れば、バランスを崩して、衝突や転倒する危険性が高まります。

走るときは、走る姿勢を整える必要があります。何も考えず、無謀な行動を取ってしまうようでは、後から色々な問題を自ら招いてしまうことになってしまいます。

リスクを取ることは大事です。ただ、不確実性というリスクを自覚しながら、自分は確実に動くという心構えがリスク・マネジメントです。

自分が主体として、信念を持って行動することも大事です。場合によっては、疾走中に自分だけが他から突き出ているかもしれません。出る杭のように打たれるかもしれません。

ただ、無理な姿勢ではなく、しっかりとした考えと志を持って走れば転倒することなくゴールを切ることができます。そもそも、杭の存在意義は打たれることなので、曲がって役に立たない杭にはならないという心構えがほしいです。

16 何もしないことは罪である

Doing nothing is a crime

何もせずに暮らすは一つの罪悪である。

【「渋沢栄一訓言集」・一言集】

†

現代の言葉で言うと……

事なかれで何もしないで暮らすことは、実は罪悪な行為であることに気づくべきである。

ボーっとすることは何かするために大切だ

そんなことしたら、危ない。怪我をするかもしれない。

そんなことしても、無駄だ。意味がない。

私たちの社会で何もしない人が少なくありません。まるで、何もしない自分のほうが賢いという過信をして、何かをしようとしている人たちを見下す傾向さえあります。

今日は昨日と同じでよかった。明日は今日と同じでよい。このような事なかれ主義の生活で満足することは自分中心で、実は自分たちの生活が、いかに経済社会の活動で支えられているか、という視点が欠けています。

もちろん、あくせくするような生活はご免です。ホワイトカラーの役職員が「過労死」するということは日本だけかもしれません。

だから、何もしないときも必要です。ボーっとしている時間や空間は多忙な日常では貴重です。こんなときこそ、ヒントが突如に舞い込んでくることが少なくありません。

つまり、創造力の源に「何もしないこと」があるのです。

ただ、いくらヒントに恵まれても、ずっとボーっとしている状態が続き行動に移さなければ、それこそ意味がありません。

第3章

幸せな生き方

17 若者には意志の健康増進が必要

Promotion of the body and soul for the youth

青年時代には、身体の健康を図るとともに、意志の健康を期するは、最も必要である。

【「渋沢栄一訓言集」・座右銘と家訓】

†

現代の言葉で言うと……

若者たちの身体の健康増進を図ることと共に、彼らの意志の健康増進を定めることは、最も必要なことである。

精神的成長は大変で、大切なこと

少年少女時代は、身体の健康を鍛えることと同時に、意志の健康を鍛えることが、最も必要な年齢です。

昔の時代でも、今の時代でも、社会が必要とし求めているのは、精神的に堅固な人物であります。

子供の頃は、何かをやろうという意志は、未熟ながら純粋な原型を持っています。自分が満たされるために何かがほしい、何かをしたいという意志であり、このように自我が目覚め始めている子供たちに、われわれ大人は「わがままはダメ!」「大人になったときにどうするの」と叱ります。

ただ、「我がのまま」という自分の意志を幼い頃から否定し続けられた子供たちが、どのように自信を持って精神的に堅固な大人へと成長できるのでしょうか。

親自身も、子育てを通じて一人の人間として精神的に成長して鍛えられているという自覚が大切です。

18 自分の天命を待つときには姿勢が大事

Your destiny will arrive,
just like the seasonal winds

恭、敬、信をもってせねばならぬものだと信じさえすれば「人事を尽して天命を待つ」なる語のうちに含まるる真正の意義も初めて完全に解し得らるるようになるものかと思う。

【「論語と算盤」・成敗と運命】

†

現代の言葉で言うと……

丁寧で慎んだ姿勢、進歩向上の心、そして、信用ある行動によって、「人事を尽くして天命を待つ」という論語の有名な一説が現実味を帯びることになる。

天命とは自分の面のように自分だけでは見えない

自分の天命は何かと考えたことはありますか。天からの命令なのか。それとも、天から与えられた命そのものなのか。

ただ、これが天命であるかということは、結局、人間が自分では勝手に決められません。天命とは、人間が意識してもしなくても、四季が訪れるような大自然そのものです。何かよくわからないが、自然に自分を助けてくれる力があるように感じられる。このように心が感じることが天命かもしれません。

あるいは、日常生活を純粋な心で、自分の責任や判断で物事に取り組んでいけば、いずれ自分の天命を感じることができるかもしれない。

天命とは、自分自身の顔のような存在ですから、自分の視点だけでは見えないのです。ただ、見えないからと、存在していないものと否定したり、意味がないと無視することでもありません。

必ず存在する自分の天命とは、人や社会という鏡を通じて、やっと見えてくる自分の面なのです。

19 一番の喜びは自由である

One should prize freedom more than progress

進歩のそれ以上に尊ぶ一事がある。
すなわち『自由』がそれである。

【「渋沢栄一訓言集」・座右銘と家訓】

†

現代の言葉で言うと……

進歩すること以上に大切なものがあるとすれば、
それは自由であることであろう。

自由とは創造の喜び

人間の進歩より大切なものがあります。それは、自由です。

ただ、自由という喜びとは、自分勝手な行動をするということではありません。

自由には、自分で判断する責任が伴っています。

ビジネスで活躍するには、兵隊が上官の命令を待つようではダメです。良い機会を逃しやすく、またイノベーションにつながることがないからです。

ただ、命令を待つことなく自己判断するには、自己責任をとらなければなりません。また、良いチャンスを手に入れるには、自由な身動きに恵まれ、自分から行ってつかむという前向きな姿勢が必要です。

自由には自己規律も必要です。特にこれは、思想や表現の自由度が増した現在のネット社会では、より重要な心構えです。

自由が目指すのは創造です。自由で破壊することだけが喜びであり、更なる創造への道筋が見いだされることがなければ、いずれ、その自由と喜びは封じ込まれてしまいます。

20 見事なことは無理なく進歩する

Admirable affairs advance naturally

美事は自然に進歩する。

【「渋沢栄一訓言集」・一言集】

†

現代の言葉で言うと……

見事な事柄は、自然体で進歩するものだ。

美しい国、日本が歩むべき道

美しいことは、自然に進歩します。美しいということは、良いことや立派なことなので、いずれ皆がそう思うようになるから、自然と進むのです。

ただ、「いずれ」は時間がかかります。一方、すぐに結果を要求する日本人は少なくありません。

また、良いことや立派なことは「高尚」なので自分には関係がないと、謙遜の面を被った無関心に陥る傾向が日本人にあります。「勝手にどうぞ」と他人事として片づけてしまうことは、進歩どころか退歩になります。

そして極端な場合、良いことや見事なことに対して妬む、日本社会の醜い顔が浮かび上がり、美しさの影も形もなくなります。

ただ、信じましょう。

力むことなく、自然体に良いこと、立派な美しいことを行う日本人が全国にいることを。

それが、美しい国、日本が歩むべき道です。

21 才能や機敏性だけでは信用されない

Just being smart and shrewd does not lead to trust

才智が優れて、機敏に立ち回る者は、
ややもすれば人の踏むべき道を
踏みはずして横みちに走り易い。

【「渋沢栄一訓言集」・処事と接物】

†

現代の言葉で言うと……

才能が優れて機敏に動く人は、
かえって腰が据わっていなくて信頼を失うことがある。

自己勘定だけに長けても信用創造にならない

才能に優れていて、動きが良い人は一般的に仕事ができると評価が高まり、信頼が寄せられます。

ただ、いかに才能が高く、動きが速くても、順境のときには良い話を色々と約束しても、逆境になった瞬間に手の平を返したり、言い訳で逃れようとするご都合主義の人が評価されるわけがありません。

皆が困ったときに、一人だけさっさと逃げてしまうような人は、世界のどこであっても信用されません。人として踏むべき道を外しているからです。

良い時だけではなく、苦しいときであるからこそ、恵まれた才能をフルに活かし、皆が金縛りになっているところを素早く動き回れる。このような人が信用を高めるのです。

また、特に才能に恵まれているわけでもなく、動作がゆっくりであっても、皆が困っているときに確実に仕事を成し遂げる。これも、信用を高めるパターンです。

つまり、自己勘定に長けているだけでは、信用にはつながらないということです。

22 必ず自分の得意技や能力がある

Everybody is somebody

箸は箸、筆は筆と、それぞれその器に従った用があるのと同じく、人にはおのおのその得意の一技一能が必ずあるものである。

【「論語講義」・為政第二】

†

現代の言葉で言うと……

人には自分の器に従った得意技や能力が必ずある。

幸せとは自分の得意技と能力を自覚すること

箸は、箸が得意とする技があります。筆も、筆が得意とする技がある。両方とも手に持つ細長い木製の用具ですが、筆でご飯を食べても味気ないですし、箸で習字をしても形が整うことはありません。

人も同じです。一見、似たような存在に見えても、それぞれが得意とする技や能力があります。その「器」を見出すことが経営者にとって重要な仕事になりますし、その人、自分自身が自覚することがもっと大事です。

視覚障がい者は、一般的に世間では弱者としてみなされています。しかし、例えば停電のような真っ暗な空間に急に陥ったとき、皆が身動きの取れない場合でも動き回れます。

また、視覚障がい者の方々は、聴覚、触覚、味覚、嗅覚の能力が優れています。我々が障がいにとらわれて、その能力に気づくことがないのです。

ぜひ、自分の得意技と能力を自覚し幸せを見つけましょう。

23 世代間の良い関係を心得るべき

Realizing cross-generational partnerships

新旧事物の調和ということは、青年の心せねばならないが、まず老人が特に注意せねばならない。老人のみ自尊せず、両者が相倚《よ》り相助けるようでなければならない。

【「渋沢栄一訓言集」・処事と接物】

†

現代の言葉で言うと……

新世代と旧世代が良い関係を築くことに若者たちは意識を高める必要があるが、まず、年配者たちが特に注意しなければならない。年功で上下関係を定めることなく、互いがパートナーとして寄り添うことが大切だ。

世代間で未来志向を共有しよう

　この世の中は、新しいものと旧いものの良い関係と調和を意識しながら時代を形成すべきです。

　老人は、過去を説きます。

　青年は、未来の理想を夢みます。

　現役は、現在の日常にとらわれます。

　この新旧の世代講和ということを、もちろん後輩世代も心がけるようにしなければなりませんが、まず先輩世代が特に注意しなければなりません。

　先輩世代が自ら自分たちの功績にうぬぼれることなく、若い世代のあり方に嘆くことなく寄り添って、お互いの世代が良い社会のために助け合うことが大切です。

　この新旧世代の講和が実現できればこそ、社会は大きく進歩するのです。

　しかし、過去のしがらみを払しょくできず、現状の維持を主張するようでは、世代間のギャップは埋めることが不可能で、未来志向によって新しい良い社会を築くことの弊害になります。

24 文明国は平和を愛する

Civilized society is peace loving

相争う所の惨虐を嫌う念も、
文明が進めば進むほど強くなる。
要するに今日の世界は
まだ文明の足らないのであるかと思う。

【「論語と算盤」・理想と迷信】

†

現代の言葉で言うと……

文明が進めば進むほど、争いの残虐を嫌う傾向がある。
つまり、今の世界では文明がまだ足らないと言えるのではないか。

文明とは人類の幸せな生活のためにあるはず

人間の文明が進めば、他人の考え方を尊重する心も、平和を愛する情も増して幸せな生活に恵まれるはずです。

ところが、世の中を見るとまだ文明が足らないのではないかと思います。いったい、どうしたらよいのでしょうか。

やはり、世界において日本の立場、つまり国益を考えて国を治めることは、政府や声が大きい一部の役人だけではなく、一般国民と共に考えて、実施すべきです。

自分が嫌なことは、他人にも押し付けることはしないという人間として当たり前の倫理観で、平和を持続させて各国の幸福を進めるという認識を高めることが必要です。

もし、日本人の全体の希望が、自分たちの立場でのみ主張することを止め、国内事情だけに視線を留めることなく、世界の幸せとは何かを考え、そのメッセージを発信することであれば、今日の痛ましい現状から逃れることができるのではないでしょうか。

夢のような話ですが、文明とは人類に幸せな生活を提供することであり、他と衝突するための存在ではないということを世界に示したいです。

25 そのまま継承するだけではダメだ

Succession without innovation will not succeed

我が国今日の状態は、姑息なる考をもって、従来の事業を謹直に継承して足れりとすべき時代ではない。

【「論語と算盤」・立志と学問】

†

現代の言葉で言うと……

今の日本の現状では、何も考えず今までの事業をそのまま継承して大丈夫という時代ではない。

まだまだ創設の時代であるという意識

心身が元気よいことは大切です。元気であれば自然に大きく活動できるからです。しかし、元気付けの方法を誤れば過失につながる恐れもあるので要注意です。

平時より注意をして肉体を鍛えながら、心身が一致するような行動で自信を付けるような心得を向上しましょう。下腹部に力を込める習慣が身に付けば、心は広く、身体は豊かになり、勇気ある人になります。

また、読書では、古来の勇者の言葉をしっかりと心で受け止める意識を高めましょう。その意識と共に身体が行動するよう習慣づけ、一歩一歩と剛健な精神を磨きましょう。

ただ、勇気を誤って、乱暴な行動を取るようでは困ります。品性が劣るような勇気では、かえって社会に毒を流してしまいます。

従来の事業を持続することだけが目的のような守りの姿勢は、今の時代では本当に困ります。まだまだ私たちは創設の時代に入っています。

創設の時代であることをしっかりと意識し、先進国の幸せの発展に元気よく進むべきです。

26

競争には良し悪しがある

A sense of competition is essential for everything

すべて物を励むには
競うということが必要であって、
競うから励みが生ずるのである。

【「論語と算盤」・算盤と権利】

†

現代の言葉で言うと……

全て物事に取り組むためには競争心が必要である。
また、競争心があるからこそ、
物事に積極的に取り組めるのである。

競争の原理を排除する幸せはない

最近の日本社会は競争心が失われたと言われています。

「ゆとり教育」時代では、運動会のかけっこで、子供たちがゴール寸前で皆が手を組んで一緒にテープを切るという都市伝説が広まりました。

また、大人の世界でも、大手メーカーたちが、後から追ってくるアジアの強豪たちを競争相手と認めず、はっと気づいたら、先を越されてしまったという屈辱を「サラリーマンだから」と平然としているケースが少なくありません。

全て物事に励むためには競争が必要であり、競争があるから励みが生じます。これが、真の競争の原理です。

ただ、競争には良い競争と悪い競争の二種類があります。毎日、他の人より朝早く起きて仕事に就いて、色々と工夫を繰り返し、知恵と勉強で他人に打ち勝つことは良い競争です。一方、他人が企画した商品やサービスを、世間の評判が良いからとそっくり真似して、はたから侵入することを企むことは悪い競争になります。

イノベーションは、良い競争の成果です。

イミテーションは、悪い競争の産物です。

27 普段の心がけが大切だ

Ordinary attitudes are the most important

平生の心掛けが大切。

【「論語と算盤」・人格と修養】

†

現代の言葉で言うと……

普段の心がけが大切なのだ。

小さなぶれを放置すると破壊的な振動になる

普段の日常生活の中で、常に自分の指針を意識することが大切です。心の目がきちんと開いていれば、いつでも自分の本心へ立ち返ることができるからです。

決心が固く、物事に挑戦しても、実際に実行に移すと、なかなか思案通りには行かないものです。決心した当時に想像した以上に、苦心と変化がはるかに多いことが現実です。

迷いがあったときに、常に立ち返れる普通のときの気持ちが大事です。

自分がぶれていると感じたとき、そこから引き返して本心に立ち戻ることができれば、無事に進み続けることができるはずです。

また、つまらない細かい事だと思っても、それを無視することは賢明ではありません。自分の意志に反する事があれば、それが小さな事であろうと、踏み潰してはならないのです。

なぜなら、小さなぶれの波動が増幅し、収拾がつかないほど破壊力のある振動になってしまうからです。

日常の普段の気持ちを大事に意識しましょう。

28 才能、知恵や勉強だけで得ることのない幸福

Happiness does not just depend on one's capabilities

人の幸福は自己の才識、勉強によってのみ発展すると思うは、大いなる誤解である。

【「渋沢栄一訓言集」・処事と接物】

†

現代の言葉で言うと……

自分の才能、知恵や勉強だけで、幸福を得ることができると思うことは大いなる誤解である。

幸せとは本当の意味で心にゆとりのあること

幸福とは、自分の才識や勉強だけで得られると思うのは大きな誤解です。まるで、この世の中心は自分であるかのように他人の行動が勝手に見えて、彼らの気持ちを感じる心のゆとりがない。

自分は自分のためだけに動くから、自分の事を世話せずにほっといてもらって結構。このような自分主義で生活を送っても、訪れるのは本当の幸福ではなく、ただの孤独感になります。

また、現在の社会では、大人も若者も細かいことに神経質になりすぎている傾向が見えます。いちいち小さなことが気になってしまうことと、大らかで「ドン・マイ」な気持ちで過ごすことを比べた場合、どちらが幸せな日々を暮らせるかは明らかです。つまり、「鈍感なマインド」も大切なのです。

日本社会と比べると生活水準も低く、治安も悪く心配することが多いはずの国で、なぜ、人々の笑顔が自然体で明るいのでしょうか。私たち日本人は、素晴らしく恵まれた国で暮らせているのに、生活の幸せや本当の意味の「ゆとり」を忘れてしまっているようです。

29 七情のバランスを保とう

Balancing the seven basic human emotions is essential

人は喜怒哀楽愛悪慾の七情を有する。
この七情の発動が常に中正を得ざれば、
自暴自棄等の悪徳に陥る。

【「渋沢栄一訓言集」・立志と修養】

†

現代の言葉で言うと……

人には喜怒哀楽愛悪欲という七つの情がある。
この七つの情のバランスを保つことができないと
自暴自棄に陥ってしまう。

自覚すべき自分の七つの情

人は七つの情を持っていると言われています。
喜ぶこと。自分の世の中が輝いている瞬間です。
怒ること。原動力の源にもなります。
哀しむこと。相手の気持ちを感じるときです。
楽しむこと。上り坂も越えられる人生の燃料です。
愛すること。誰かを大事と思うと力を発揮できます。
悪が潜むこと。自分自身との闘いの試練です。
欲すること。手を伸ばして動くスパークです。

この七情の発動が常にバランスを保てるのであれば、自暴自棄という自分自身を破壊するようなことに陥ることはない、と古代から伝えられています。逆に、他と比べて、いくつかが強すぎると、かえって危ない橋を渡ることになります。

この七つの情のどれが有る、無いということではなく、どれが善い、悪いということでもありません。全てが常に人の中に存在するという現実を受け止めるべきです。七つの情のそれぞれと向き合って、上手に使いこなせることが、幸せな生活です。

30 奥歯にはさまったものは取り除こう

Don't keep it to yourself, let it out

胸の中に在る事を明らかにすれば、
いつでも快い気持になるものであるが、
さもなくば、奥歯に物がはさまったようで、
まことに心持がよくない。

【「渋沢栄一訓言集」・処事と接物】

†

現代の言葉で言うと……

胸の内に納めないで明らかにすれば、
いつでも快い気持ちになれる。しかし、そうしない場合は、
まるで奥歯にものがはさまったようで、気になってしまう。

スッキリさせたほうがよいに決まっている

他に見せたくない、胸の中に隠していることは誰にでもあるでしょう。しかし、常に自分に隠しているものがあると感じると心理的バランスを崩してしまいます。

このような気持ちに陥るのは、自分のせいではなく、自分のことを理解してくれない相手や世間のせいであるという被害者意識に責任転嫁してしまう場合もあります。

ただ、悩み事を家族や友達に明らかにしたら、案外すっと快い気持ちになることがあります。相手は自分のことを大切だと思っている存在ですから、自分の弱みを晒しても、自分をさらに傷つけようと思っているわけがありません。

逆に、自分が心に隠していたことが実は自分の思い過ごしであり、相手や世間にとってそれほど大事ではないという場合もあり得ます。

自分が気になっていることを放置することは、何かが常に奥歯にはさまったようで、気持ちが悪いです。気持ちが悪い状態が続けば、いずれ身体にまで悪い影響を与えてしまいます。

考え事を溜めることには気を付けて、奥歯にはさまったものは、早めに取り除きましょう。

31 熱心さと誠意が感動の源

Enthusiasm and honesty always leaves a good impression

熱心誠意をもって人に対すれば、
不思議なほど対手に感動を与えるものである。

【「渋沢栄一訓言集」・一言集】

†

現代の言葉で言うと……

熱心で誠意ある姿勢で人と関われば、
不思議なほど相手に感動を与えることができる。

キャッチボールは直球にしよう

熱心に、誠実に人に接することに努めれば、相手はきちんと、その純粋な気持ちをキャッチして、同じような気持ちを投げ返してくれるでしょう。

現代社会では、身をかわすことや言い訳と出合うことが多いです。最初は相手を疑うことから始まって、探り合うことが習慣となっているのが悲しい現状です。

純粋な「青臭い」気持ちや思いを晒せば、「賢くなれ」「大人になれ」というもっともらしい「アドバイス」もあるかもしれません。

ただ、変化球での接し方が日常生活の常識であるからこそ、逆に直球を投げられたときに相手は驚きを覚えます。驚きは感動につながり、感動するから行動に移ることが多いのです。

逆に、相手が直球を投げてきたときには、そのボールをぽろっと落とさないように気を付けて、変化球で投げ返すことも止めましょう。

ストライクを取って相手を三振させることがキャッチボールの目的ではありません。小細工せずに、真っ直ぐ球を投げることが大切なのです。

32 人には同情心が不可欠だ

Compassion is the essential ingredient for all mankind

人は尊卑を通じて、
同情心がなくてはならない。
しからざれば人にして人ではない。

【「渋沢栄一訓言集」・処事と接物】

†

現代の言葉で言うと……

人は、相手の立場を問わず、同情心が必要である。
同情心がなければ、人とは言えない。

大きなパイは一緒につくって分かち合うもの

同情する心を持ちましょう。

そうでなければ、人であるのに人ではない存在になってしまいます。自分だけの利益を優先し、他に無情で冷酷な振る舞いは、最も警戒しなければならない疾病です。なぜなら、この病は感染してしまう恐れがあるからです。自分のパイが相手から奪われてしまえば、自分も他の相手から奪い取る。その相手も、自分が弱い相手から奪ってしまう。この奪い合いの連鎖が続けば、人類は絶滅してしまいます。

パイをむさぼって奪い合うのではなく、大きなパイを一緒につくることに成功したことが、人類が発展した理由です。地球の他の生命体と比べて、いかに豊かな知力や強い意志を持っていたとしても、大きなパイを一緒につくって分かち合うという喜びを感じることがなければ、人類への進化はなかったでありましょう。

かえって、知力と意志を持った人類が自分のことしか考えなければ、世界は破滅してしまいます。

33 国富には利他という概念が必要である

Wealth of a nation depends on altruism

利他の観念なき者がいかに富を積んでも、
国が富んだとは言われない。

【「渋沢栄一訓言集」・一言集】

†

現代の言葉で言うと……

利他という概念を大切に思わない者が富を築いても、
それが国富につながることはない。

持続性とは世代を超える利他の意識

国富とは、人々が身勝手で利己的な行動をするだけで、全能の神の「見えざる手」が、親切につくってくれる現象なのでしょうか。

いいえ、そんなことはありません。

社会には自分だけが存在しているわけではない。多くの人々と一緒に暮らしている。その相手の気持ちを察知しているという基盤の上で、自分が最善の行動を取ることによって「見えざる手」が国の豊かさを実現しているのです。

現在の日本という、高齢化した民主主義国家の人々が自分のことしか考えない利己的行動に走れば、票数という力によって貴重な国の財源を使い果たしてしまいます。

人数が多い上の世代が次世代、孫世代、あるいは、まだ生まれてきていない未来の世代に意識と財源を配る利他のマインドがなければ、日本の豊かな経済社会の持続性が脅かされてしまいます。

ただ、その重要な持続性の意識を社会で表現するために「己」の想いが不可欠です。「利己」という認知の限界を超える次世代への時間軸の意識を指す「利他」によって日本の国富の持続性が実現するのです。

34 物事に動ぜず即時に行動しよう

The ideal balance of calmness and action

およそ人は理想的にいえば、深沈にして機敏、機敏にして深沈、よく静と動とを兼ね、水も山もともに楽しむ者とならねばならない。

【「渋沢栄一訓言集」・処事と接物】

†

現代の言葉で言うと……

理想的に言えば、人は物事に動じない一方で即時に行動し、すばやく判断しながら落ち着いている。静と動の両方を上手く使い分けることが大事だ。

動と静を失わないように心得よう

落ち着いて物事に動じないことと同時に、必要に応じて即時に動くこと。このように静と動を兼ねられることは、人生を楽しむために理想的な姿勢です。

適度なストレスの「動」と適度な休養の「静」は、成長のためにも必要なことであり、これは、肉体を鍛えるときでも、精神を鍛えるときでも同じです。

動と静をコントロールできるということは、外部環境や他人の要求に自分のペースを乱されることなく、精神的に安泰な状態へとつながります。エネルギーも増して、行動するときに良い成果を上げることができます。

ただ、最近の日本では、些細な物事に動じる傾向が高まり、結果的に事が大きくなる恐れが高まっています。そして、事が大きくなればなるほど、かえって動きが鈍化します。まるで航海中に舵が失われたようになり、精神的なストレスが高まり、エネルギーが無駄に放出されてしまいます。

静が動を失えば、進歩なき状態に憂います。

動が静を失えば、危険な状態に陥ります。

35 立派な人が歩む道がある

Grace of the exit determines the worthiness

功成り、名遂げて、身退くは、
人の道である。

【「渋沢栄一訓言集」・一言集】

†

現代の言葉で言うと……

功績を成し、名を遂げ、
そして、身を退くことが立派な人のあり方だ。

身を退くことはご立派

立派な人は功績を成します。

また、立派な人は名を遂げます。

そして、立派な人は身を退きます。

この三セットが、立派な人のあり方です。

ただ、功績を成し、名を遂げると、なかなか身を退くことができません。それは、身を退くことを周囲が許してくれない場合もあれば、身を退くことに自ら不安を覚える場合もあるからです。

だから、この世の中には立派な人が少ないのです。

若手に全く元気がない。

まだ、わかっていないから任せることができない。

自分は未だに必要とされている。

自分は今後も喜んで働く。

一見、立派そうに見えますが、実は本質的にそれほど立派ではない人が、よく言うことです。

36 注意してくれるのが大切な友人

True friends tell the truth

友人としては、会うごとに忠告をするくらいの者でなければ頼むに足らない。

【「渋沢栄一訓言集」・処事と接物】

†

現代の言葉で言うと……

会うたびに色々と注意してくるほどの仲の関係でなければ、物事は頼みにくい。

本当のことを言ってくれることが幸せ

相手を注意することは、誰でも嫌なものです。

だからこそ、本当の親友でなければ、あえて自分のことを注意してくれるはずがありません。このような友人たちに囲まれることは、実は幸せ者です。自分の誤りや失敗が少なくなるからです。

自分と近い、本当の友人や家族でなければ、本当の自分を知ることもなく、仕事などの利害関係や期待感を超えて、本当のことを言ってくれません。

会社経営では、友情関係で結ばれる必要はありませんが、信頼関係が大切です。この信頼関係を築くためには本当のことを言う必要がありますし、経営者は本当のことを言ってくれる部下で自分を囲まなければなりません。

イエスマンに囲まれたほうが仕事がしやすくなると思うことは誤解です。重要な課題について知らされていないことがあれば、その後の欠失により、いかに仕事が大変になることか想像がつくと思います。

幸せな生き方のために、耳が痛いときもあるでしょうが、本当のことを言ってくれる人に多く恵まれることが必要です。

37 人の偉大さは成功だけでは測れない

Greatness cannot be measure just by success

成功必ずしもその人の
偉大なる所以《ゆえん》を語るものでない。

【「渋沢栄一訓言集」・一言集】

†

現代の言葉で言うと……

その人が偉大な理由は、必ずしも成功で測れるものではない。

人を評価するには、多元的な視点が必要

成功とは、必ずしも人の偉大さを語るものではありません。設定した目標を達成するだけでは、自分の偉大さを測ることもできません。目標を達成することは重要ですが、達成の過程も大切になるからです。

「結果オーライ」だけでは、偉大な存在にはなれないことは当たり前です。その人の価値観、その人の生き様、これは直接に結果だけで見えるものではありませんが、その人の存在を判断するうえで欠かせない要素です。

偉大な存在とは、そもそも認知限界がある凡人に測れるわけがないのです。

小さなハエと比べると、大きな象は偉大な存在です。しかし、ハエが象の背中に止まっても、体の全体が隅々まで見えるわけがありません。そのハエが飛び立ち、空中から象が見えたときに、はじめて象の大きさに気づきます。

つまり、成功という一次元だけでは人の偉大さは測れず、多元的な視点が観測には必要ということです。

第4章

正しい生き方

38 文明人には道徳的な責任がある

Materialistic civilization needs higher moral conduct

一日も早く道徳をして
物質的文明と比肩せしめ得る程度に
向上させせなくてはならぬ。

【「論語と算盤」・実業と士道】

†

現代の言葉で言うと……

我々は物質的文明と肩を並べる程度まで道徳心を
一日も早く向上させなければならない。

一人ひとりが一日一日、当たり前のことをするだけ

日本の長い歴史の中で、経済界が「市民権」を得られたのは、実はごく最近のことになります。

明治維新まで「商人」は、一般的に武士階級に平身低頭すべき卑しい存在であるのが社会常識でした。しかし、当時の国力を象徴する大砲や軍艦の費用を賄うには、商工業の稼ぐ力の支えが不可欠で、今の言葉で言えば、民間力が国力の根源でした。

しかし、商工業階級が「実業家」として日本社会における「市民権」という権利を得るためには、同じコインの裏返しである義務も果たさなければなりません。

そして、その義務とは税金という「年貢」を納めることだけではない。一日も早く道徳という意識を、物質的文明と肩を並べて向上しなければならないと栄一は考え、「論語と算盤」で経済道徳合致をつらぬくと意思表明したのです。

ただ、「道徳」という言葉を聞くと、ちょっと重くて、堅苦しい感じがするかもしれません。でも、特別な工夫や方法が必要なわけではなく、日常生活に、そう心がけることで足りるものです。一人ひとりが、一日一日、当たり前の行動を重ねるだけでよいのです。それほど、難しいことではありません。

39 道徳とは進化するもの

Like all things, morality also evolves

世の中には何事も進化のないものはない。
宇宙も進化し、生物も進化し、
美人の容貌さえ進化があるという。
したがって道徳にもまた進化があるべきはずだ。

【「論語と算盤」・理想と迷信】

†

現代の言葉で言うと……

世の中では全てのものが進化する。
宇宙も、生物も、そして、美人の顔つきも。
だから、道徳が進化しないわけがない。

日常の当たり前の常識が道徳

道徳とは、「王者の道」を歩むことです。

しかし、不変の真理というより、道徳は進化するものです。

道徳の進化とは、何かが変わるというより、時代の流れの文脈でメッセージの伝え方や見方が色々と進歩する、と言うほうが相応しいかもしれません。環境変化に対応するために生物は進化しますが、生命の基本は普遍的です。同じように道徳の基本にも普遍性があります。

堅苦しく感じる道徳ですが、実は、かなり日常的な常識です。

時間を約束したら、間違わない。

人に対して譲るべきものを譲る。

人に安心を与える。

人として当たり前のことを、当たり前にやるだけであり、さて、今日から道徳を行う、この時間が道徳の時間だ、あの授業が道徳の授業だというようなものではありません。

肩の力を抜いて、道徳をもっと簡単にしましょう。

40 多く体験し、大勢と関わろう

Better to have many dots to connect

万事に触れ、万人に接するによって、
初めて種々の交渉も起こり
自己の発達もできる。

【「渋沢栄一訓言集」・処事と接物】

†

現代の言葉で言うと……

なるべく多くの事を体験し、大勢の人々と関わることで、
色々と新しい物事が始まり、また自分の発展にもつながる。

「点」の数を増やすことを意識しよう

物事は、一人から始まります。だから、一人ひとりが意識を持って行動することが大切です。

しかし、人は一人だけでは物事を達成し、持続させることはできません。だから、多くの事を体験し、大勢と関わることによって、一人の動きがムーブメントとして社会に広がるのです。

もし、その一人の動きがムーブメントへと広がれば、当然、その人自身の知見、行動力と信用によるリーダーシップが鍛えられる自己啓発へとつながり、自身の次の飛躍のステップとなります。

それは、後から気づくこと、とアップル創業者の故スティーブ・ジョブズが伝説的講演「Connecting the dots」で示してくれました。

ということは、「点」の数が増えるほど、つながる回路の可能性が増えるはず。なるべく多くの事を体験し、大勢の人々と関わることは、この「点」を増やす効果があるということに意識を寄せるべきです。

41 偉人より必要な完璧な人

Completeness has more utility than greatness

偉い人の用途は無限とはいえぬが、
完《まった》き人ならいくらでも必要な世の中である。

【「論語と算盤」・常識と習慣】

†

現代の言葉で言うと……

「偉人」が必要とされる場所は、実は、それほど多くない。
一方、世の中では完全で欠けたところがない「完全人間」は、
いくらでも必要だ。

智情意のバランスがとれ発達した常識ある完璧な人が必要

偉い人と完璧な人は違います。

偉い人とは、性格の一部に欠落があったとしても、その欠落を十分にカバーできる、他に優れた点がある。つまり、大きく「とんがった」人が偉い人です。

一方、完璧な人は、足りないところがない人です。智情意の一つひとつが優れている必要はありませんが、この三つの要素のバランスがとれ、かつ、発達しているのが常識ある人、つまり、完璧な人になるのです。

私たちの社会では、もちろん、ヒーローやリーダーのような偉い人が必要です。ただ、社会の多数の人に希望すべきことは偉い人になることではなく、完璧な人になることではないでしょうか。

実は、ヒーローやリーダーの用途は無限とは言えません。ただ、智情意がバランスしている完璧人間はいくらでも必要になります。

全員が偉い人だったら、社会は麻痺してしまうでしょう。一方、全員が常識を持った完璧人間であったら、偉い人は必要ありません。

42 世づくりは世代を超える

Society value creation is cross-generational

およそ世の中の事は、決して一人一己、一代一世に成り立つものでない。

【「渋沢栄一訓言集」・国家と社会】

†

現代の言葉で言うと……

世の中の事は、決して一人や一世代で成り立つものではない。

日本の未来世代の成長の先食いは止めよう

社会は一人で成り立つものではありません。これは、子供でもわかることです。しかし、社会は一世代で成り立つものではないということは、大人でも意識を高める必要がありそうです。

日本の高度成長期に設けられた社会福祉制度では、若い現役世代が掛け金を払って老後の年金受給や医療費用を負担するモデルになっています。まさに世代を超えて成り立つモデルですが、高齢世代と比べて若い世代の人口が多い時代では問題ありませんでした。

ただ、今の日本社会では若い現役世代の人口が減っています。六五歳以上が総人口に占める割合は約二三%、そして、二〇五〇年には四割ぐらいが六五歳以上になると推計されています。

一方、現在の日本人の金融資産は上の世代に偏っています。六〇歳以上が全額の六割を占め、五〇歳未満は二割しか保有していなく、明らかに世代間格差の是正が必要です。日本の社会設計が現状維持を継続させれば、今の世代は、まだ生まれていない日本の未来世代の成長を先食いし続けることになり、正しい生き方にはなりません。

43 カニのような心構えが大事

Knowing one's place is very important

蟹は甲羅に似せて穴を掘るという主義で、
渋沢の分を守るということに心がけておる。

【「論語と算盤」・処世と信条】

†

現代の言葉で言うと……

カニが甲羅で身を守り、穴を掘って身を伏せているように、事情に合わせて分をわきまえるという姿勢を心がけるべきだ。

成長する分をわきまえる

自分の力を過信して行動する生き方がありますが、進むことばかりに気を取られてしまうと、足元を守ることを忘れてしまい、とんでもない問題を引き起こすことがあります。

一方、カニのように自分の身を甲羅に包み、穴を掘って自分を守る生き方もあるかもしれません。カニはたくさんの足が地に着いているので、どんなに急いで進んでも、転倒することはありません。

人は、ある程度の成果を上げると色々な方面から仕事を引き受けてくれ、職務に就いてくれという依頼を受けます。

ただ、自分は自分の仕事という穴を掘って入ったのであるから、今更その穴からはい出ることはできない、と断ることも大事かもしれません。分をわきまえるという姿勢です。

しかし、カニとは脱皮する生き物です。自分の成長に伴い、古い殻を捨てて、新しい殻で分を守ります。つまり、分とは一定しているものではなく、常に成長している。カニの生き方は、これもわかっているようです。

44 些細なことでも納得できなければ断るべき

Settle even minor issues before accepting anything

細事たりとも、
同意できぬことは、
截然《せつぜん》としてこれを断るがよい。

【「渋沢栄一訓言集」・処事と接物】

†

現代の言葉で言うと……

細かいことでも、納得できないような事柄であれば、
はっきりと断るべきである。

「空気を読める」才能を活かそう

日本社会では周囲との円満な関係を保つために、「空気を読む」ことが常識であると思われています。他人と意見や考えが違っても、それをはっきりと表明せず、場合によっては納得しなくても引き受けてしまうことがあります。

はっきりと相手に申し伝えることができないで、適当にはぐらかすためにあいづちを打っていると、案外、自分にとって不都合な事態に引き込まれてしまうことが少なくありません。

ただ、「空気」のように目に見えない存在を「読める」ぐらい繊細な民族であれば、どのような些細なことでもセンサーでキャッチできるはずです。その才能を活かして、不都合なことは軽減すべきではないでしょうか。

大したことないだろうと、自身に鳴らしている警鐘を無視すると、後になってから大きな問題へと発展することがあります。納得しないことがあれば、はっきりと断るべきでしょう。

45 意志を鍛えるためには己が大事

Know thyself in order to forage your will power

どこまでも自己を忘れぬように
注意することが意志の鍛錬の要務である。

【「論語と算盤」・常識と習慣】

†

現代の言葉で言うと……

自分という存在を忘れることのないように注意を払うことが、意志を鍛える重要なポイントである。

意志とは己が常に正しいと決めつけることではない

人間は自分には甘いです。常に、自分の逃げ口は確保したいと思うのが普通でしょう。逃げ口がない「自己責任」という概念に違和感を覚えることは、これが原因です。だからこそ、どのような状況においても、冷静に自分という存在をしっかりと意識したいところです。そうすれば、正しいことに近づいて、害があることから遠ざかることができるはずです。

ただ、自分は、自身の存在を常に感じていますが、実際には自身が見えないところが多いです。

見えなくてわからないとき、大切な姿勢は自身に問いかけることです。己が常に正しいと決めつけることが意志ではなく、様々な角度から自分に光を照らすことによって、己の本当の姿が浮かび上がってきて意志を鍛えることができるのです。

46 順風のときは調子に乗るな

Favorable circumstances are often risky

順境にある者は、往々調子に乗る弊がある。

【「論語と算盤」・常識と習慣】

†

現代の言葉で言うと……

順調に物事が進んでいる者は、調子に乗りすぎる傾向がある。

未来は真っ直ぐの線では描けない

「良い話」が次々と入ってくると、調子に乗って「良い気」になる傾向があります。平常心のチェック機能が失われ、気が付いたら不本意な状態に陥っている。これは、個人のレベルでも、経済社会のレベルでも同じことが言えます。

これは、現在から真っ直ぐの線を引けば将来が描けるという、人間の願望から生じる現象でありましょう。しかし、自然界で真っ直ぐな線の存在は稀です。人間社会も自然界の一部ですから、自分の思い通りにならないということは当たり前のはずです。

このように未来を正確に予測できないときには、自分の心に油断が生じないように意識することが大切です。油断すれば、様々な誘惑に打ち勝つことができず、気が付いたら負のスパイラルに陥っているかもしれません。

目先の利益の期待感に誘惑され、その後に不都合な事態に追われてしまうこともあります。

しかし、逆に、目先は不利に見えても、将来は報われることもあるということも意識すべきでしょう。

47 真の私利は公益を意識する

True wealth has a public mind

公益となるべきほどの私利でなければ
真の私利と言われない。

【「渋沢栄一訓言集」・実業と経済】

†

現代の言葉で言うと……
公益に意識がない私利では、真の私利とは言えない。

私利を支えるのは平和だ

　会社の真の存在意義は、自利利他です。会社は収益を上げなければならないですが、収益のためには売上が必要で、売上が生じるのは社会に価値を提供しているからです。また、個人の利益は、国の富につながります。これは、個人が築いた富が国のものになるという意味ではなく、国の富とは国民の富の集計に過ぎないという意味です。

　ただ、会社と個人が利益を上げることには条件があります。それは、社会が平和であることです。また、少子高齢化する日本社会は、ますます世界の成長を取り込むことが重要となるので、国内だけではなく、世界の平和が大事です。

　戦争は、一部が莫大な収益を上げられる構図となりますが、全体が利益を最大化するには平和な人間社会が不可欠です。

　そういう意味では、社会や会社を構成する一人ひとりが当事者として世界の平和という公益について意識し、寄付や社会的活動を通じて支えることは、慈善活動という次元だけではなく、私益を支える長期投資ともいえるのです。

　目先のことだけに目を奪われることなく、視野が社会や世界へと広まるのが、真の私利の条件です。

48 理想を追い続けて生きよう

Pursue your ideals to enjoy your life

人は死ぬまで同じ事をするものではない。
理想に由って生きるのが、
趣味ある人の行動である。

【「渋沢栄一訓言集」・座右銘と家訓】

†

現代の言葉で言うと……

人は、いつまでも同じことをするべきではない。
理想を追い続けることが、人生を味わう人の行動である。

皆、結果が同じであるからこそ理想が大切

誰も三〇年先のことを正確に予測することはできません。また、三〇年前の自分が、現在の自分の日々の姿を描けていたという人は少ないでしょう。

しかし、時間は確実に過ぎます。今日が明日になり、今月が来月になり、一年が三〇年となります。人生とは有限であり、生まれた瞬間、人間は時間に追われていると言ってもよいかもしれません。

ただ、宇宙という無限の中で、自分という存在があることは統計的に奇跡です。自分の身体や意識は決して無意味な存在ではありません。実は、私たちは時間に追われているのではなく、時間という稀な資源を与えられたのです。

この与えられた時間をいかに有効的に使うか。それが理想です。その理想を描くために、人間は想像力という素晴らしい才能にも恵まれました。

将来について不安を感じるのも、その想像力が働いているからです。しかし、私たちの人生の最終的な結果は、皆、同じです。結果が同じであれば、不安を抱えるより、理想を持って、色々なことにチャレンジして、与えられた人生を楽しむほうがよいと思いませんか。

49 その日の事は、その日に済ませる

Don't leave things undone for tomorrow

人びととその日の事は、必ずその日に済ませ、後日に事の残らぬよう努むべきである。

【「渋沢栄一訓言集」・座右銘と家訓】

†

現代の言葉で言うと……

その日の事は、必ずその日に済ませて、後日に残ることのないように努めるべきである。

即断と行動がリーダーの素質

いずれ片付けようと思っている机の上。思っているだけでは、どんどん積み重なってしまいます。

「考えてみる」と答えても、考えるだけでは駒が前に進むことはなく、時間だけが過ぎてしまいます。

結局、耐えられなくなり、机の上のものを区別せずに処分してしまう始末になり、追い込まれるように駒を進めざるを得ない事態を招いてしまいます。

やはり、即断して、直ぐに行動することが重要であり、それが組織で上になればなるほど求められる能力です。即断して行動に移せば、次の視野が開けてくるので、仕事のテンポが改善します。しかし、理想とは逆に、責任が増えれば増えるほど、慎重になる傾向のほうが目立ち、仕事の先行きが停滞する場合が少なくありません。

本来であれば、皆が、その日のことは、その日に済ませて、後日に残らないようにすべきですが、ほとんどそれができない。他ができないことをできるのがリーダーであるから、組織や社会にはリーダーが必要とされるのです。リーダーの真の素質は、即断と行動です。

50 人の性質は一生変わることはない

One's temperament never changes

人の性情は一生変わらぬ。

【「渋沢栄一訓言集」・一言集】

†

現代の言葉で言うと……

人の性質とは、いつまでも変わることがない。

長所から短所を引いて余りをつくる

何が好きか、嫌いか。何で喜ぶか、怒るか、あるいは、悲しむか。大人になっても、子供の頃からの自分の個性は、あまり変わらないものです。

これは自分の長所が変わることなく、自分の短所を変えることもできないということになります。だから、変えることではなく、自分の長所や短所が何であるかを知ることが大切です。

自分の長所がわかれば、なるべくそれを伸ばすことができる環境に身を置くべきです。逆に、短所がわかれば、それをなるべくコントロールするという意識が大切です。

長所から短所を引いて、余りが残っていることが正しい生き方であり、余りが多いほど魅力が高まり人々を寄せ付けます。これが、豊かな人生を送ることの秘訣です。

一方、長所が短所に埋もれてしまうようであれば、人が自分から離れていき、せっかく頂戴した人生を充実させて過ごすことができなくなります。

また、相手を見るときも、長所を多めに、短所を控えめに見ることが円満な人間関係につながります。

51 習慣には気を付けよう

Old conventions are very difficult to break

習慣は実に恐ろしいもので、一家の瑣事でさえ、
少し慣れた事は昔からの仕来りだから、
にわかに変えてはならぬといって、容易に改めない。
ましで国家の事においてはなおさらである。

【「渋沢栄一訓言集」・座右銘と家訓】

†

現代の言葉で言うと……

習慣とはなかなか恐ろしいものだ。家族の些細なことでも、昔からのしきたりだからと言ってなかなか変えることができない。ましてや国家に関する事柄であれば、なおさらだ。

ずっとやってきたからこそ見えない

結婚して生活を共にすると、それぞれの家族の習慣などの違いが見えてきます。年月が経つことによって夫婦が築く家庭の習慣もでき上がってきます。

企業の合併も同じです。某銀行では平社員でも頭取のことを「さん」付けで呼んでいたところ、合併した銀行では肩書き付きで呼んでいたという些細なことから、少額な貸付でも支店ではなく本部決裁が必要となる違いもありました。

「ずっと、このようにやってきました」。新しい職場で仕事の進め方について問いかけると、このような返事が戻ってくることがあります。確かに、ずっとやってきたことのある人には疑問が湧かないでしょうが、外部から入ってくると課題を感じることが多くあります。

政治でも、首相が一年も経たないうちにコロコロと変わってしまう日本の場合は、制度設計の問題もありますが、むしろ、それが習慣になっている側面のほうが強いのではないでしょうか。日本の政治の習慣では当たり前のことであっても、他国からは理解されず、頼りなく見えてしまうという大きな弊害があります。

自分では認識できないからこそ、習慣は気を付けるべきです。

52 ありがたい親切は思いより行いである

True kindness is the act, rather than the reason

人が人の親切を有難く思うは、
その志よりもその行いにある。

【「渋沢栄一訓言集」・処事と接物】

†

現代の言葉で言うと……

人の親切をありがたく感じるのは、
その思いより、その行為である。

親切は相手に負担をかけてはならない

これほど親切にしてあげているのに、自分の思いやりが全く伝わっていないようだ。友人や親子の関係で、このような不満を感じたことがあるかもしれません。

しかし、相手が人の親切を本当にありがたく感じるのは、その親切をしようとする思い込みより、実際の行いの度合いです。つまり、箸の上げ下ろしまで面倒を見る「余計なお世話」は、ありがたくなく、かえってこの不和が人間関係を壊す要因にもなり得ます。

一方、行いが表面的に親切に見えても、隠れた意図があるようでは本当の親切にはなりません。本性が見えてくると、相手の警戒心が高まり、関係が遠ざかっていくでしょう。

やはり、相手に対する思いと接する行いが一致することが、本当のありがたい親切につながります。誠実に、相手に負担をかけることのない度合いの親切を心得るべきでしょう。

ちょっと声をかけてあげる。ちょっと手を貸してあげる。相手を助けたいという誠実な気持ちで接すれば、その思いは相手に素直に伝わるはずです。

第5章

信頼される人になる

53 まごころが人格者の源だ

Integrity is the foundation of noble character

至誠《しせい》がこもっておらぬと、
完全な人格とは言えない。

【「渋沢栄一訓言集」・座右銘と家訓】

†

現代の言葉で言うと……

まごころがなければ、人格があるとは言えない。

認知限界を超えることを意識する人格者

人格者には、血もあり、涙もあります。もちろん、たくましい精神の意志も必要です。ただ、情だけでは流されてしまう傾向があり、逆に意が強いと頑固になってしまうかもしれません。

言ったことは必ず行動に移す。要求されなかったことでも、しっかりと応える。これが、まごころであり、人格者として相手からの信頼を得る必須の性質です。

ただ、「自分がこう言った」のに、何事も変わらない事態への文句を耳にすることが多いです。また、要求されなければ指一本動かさないスタンス、あるいは必要以上に出しゃばるスタンスも人格者とは言えません。自分が常に正しいと思い込むのは、人格者ではありません。

また、コツコツと真面目に仕事をすることは重要ですが、それだけでは人格者にはなりません。自分の認知限界を常に超えることを意識して、壮大で純粋なまごころで相手に接するのが人格者です。

54 信用とは乗数効果がある

Multiplier effects of trust

信の効用は、社会の進歩と共に、
いよいよますますその価値を増加し、
その応用の範囲を拡張する。

【「論語講義」・為政第二】

†

現代の言葉で言うと……

信用の効用とは、社会の進歩と共に信用の価値を向上し、
また、その応用範囲を拡張させることだ。

社会の信用創造は、一人ひとりの行動から始まる

いかに才能があっても、信用の置ける人でなければ、能力が高くない人より有害な存在になる可能性があります。詐欺師やインターネットのハッカーは、明らかに凡人より才能がある人たちです。

どのような地位を得ている人でも、どのような立派な会社に勤めていても、信用をなくしては世間からの批判の的になります。かえって、経営トップや著名な企業が関わった不正事件ほど、その衝撃は大きいものです。

信用の効用とは、社会が進歩すると共に、その価値が増強されます。その信用の威力の範囲は、一人より一町村、一町村より一地方、一地方より一国、一国より全世界へと拡充するものであります。

それは、その反対を見たほうがわかりやすいです。数年前のリーマン・ショック、現在のユーロ圏や九〇年代の日本の金融危機は世界の経済成長を脅かす規模のものですが、もともと組織に属する個人たちのそれぞれの判断から始まっています。

信用を得るのは本当に大変なことなのに、それを失うのは本当に簡単です。そして、いったん失うと、元に復活させることは不可能に近いのです。

55 武士道や仁義道徳も積み重ねる

Where have honor and morality gone

富は積み重なっても、哀しいかな武士道とかあるいは仁義道徳というものが、地を払っておる。

【「論語と算盤」・立志と学問】

†

現代の言葉で言うと……

富が蓄積されても、哀しいことに日本特有の武士道や仁義道徳が影も形もない。

物質的な富に伴う己が必要

　日本は、明治維新を経て数十年で西洋の先進国に追いつき、また敗戦のがれきから「ジャパニーズ・ミラクル」の高度成長で、先進国に劣ることない物質的文明が進歩しました。

　ただ、大きな弊害も生じました。日本の富は世界トップクラスまで積み重なりましたが、相手に対する思いやり（仁義）や人間として当たり前のことを当たり前にやる常識（道徳）が失せてしまった側面も目立ちます。

　海外でも知られている「武士道」とは日本の心の理想です。それは、己（自分）が社会の当事者として全体の義務を負うという意識です。つまり、利他のために不可欠な存在は己なのです。

　二〇〇八年のリーマン・ショック後には、個人主義が拝金主義と並列に批判される傾向がありました。しかし、本来、「個人主義」とは個人の権利と自由を尊重する主張であり、その権利と自由の裏側には義務と責任があります。

　そういう意味では、武士道の精神は、日本だけではなく、世界が個人の権利で構成されている民主主義という国家運営モデルを利用するには、不可欠な原理なのです。

56 言う人だけになるな

Actions speak louder than words

言う人、必ずしも行わず。

【「渋沢栄一訓言集」・一言集】

†

現代の言葉で言うと……

言う人は、必ずしも行動する人ではない。

行動につながることで、人が言うことが信となる

多くの「言う人」は、自ら努力して、リスクを負って行動している人たちではありません。実際にハンドルを握っていないのに、かえって注文や文句が多い。これが、私たちの社会の残念な現実です。

言う人が大勢いれば、にぎやかになることは確かです。しかし、にぎやかになっても、それだけでは物事は進みません。うるさすぎて収拾がつかなくなり、進むことの弊害になる場合もあるでしょう。最初は聞く人が大勢いても、動きがなければ、いずれ一人、また一人と去って少なくなります。

一方、行動する人が大勢いれば、にぎやかになるだけではなく、物事が進みます。最初は言うことを聞く人が少なくても、その行いが継続すれば、いずれ一人、また一人と寄り集まり、数も増えていきます。

つまり、「人」が「言う」だけでは、「信」にはならないのです。実際に行動へとつながることで「人」と「言」が合体するのです。

そして、「信」に基づいた行動が継続することで「者」が大勢寄り集まり、「儲」へとつながるのです。

57 事を始めるときに原因を知ろう

The first steps are always the most important

なにごともその始めを慎むがよい。
原因さえよかったならば、
結果は必ずよくなるものである。

【「渋沢栄一訓言集」・座右銘と家訓】

†

現代の言葉で言うと……

何事も、始めを大事にするがよい。
その事柄を始めるときの原因が良ければ、
結果も必ず良くなるはずだ。

良い結果のためには最初が大事

事が始まるときは、期待ばかり大きくなる傾向があります。ゴールを目指してスタートを切ることは当然のことですが、ゴールへの期待だけに目を奪われてしまうと、足元が見えなくなり、つまずいて転倒してしまうかもしれません。

例えば、多数のメンバーとベンチャーを立ち上げるときには、様々な分野からそれぞれの経験者が寄り集まって事業の軌道を目指す場合が多いです。ＩＰＯ（株式公開）など、まだ手に入っていない利益などの夢を見ているメンバーも少なくないでしょう。

スタートするときには、もちろん様々な想定でシナリオを描きます。しかし、実際に走り始めた後には、必ず「想定外」のことが起こります。始めるときの「原因」、つまり、なぜ会社を興したかという理念をしっかり共有していないと、同床異夢が悪循環を招き、良い「結果」が遠のいてしまいます。

やはり、最初から謙虚な気持ちでお互いに接して、方向性をきちんと共有できなければ、意見の食い違いが増幅して、空中分解につながる恐れがあります。

良い結果のためには、最初が大事。

58 うぬぼれ・ものまねは、もう止めよう

Purge imitation and start innovating

我々は今日ただいま、
心酔の時代と袂別《べいべつ》せねばならぬ。
模倣の時代から去って、
自発自得の域に入らねばならぬ。

【「論語と算盤」・実業と士道】

†

現代の言葉で言うと……

私たちはただいまから、うぬぼれと決別する必要がある。
まね事も止めて、自分から進んで獲得する気迫が必要である。

やり方ではなく、あり方

日本人は「ハウツウ」を求める傾向があります。書店では、様々な分野のハウツウ本が目立ちますし、企業研修会もハウツウ的なものが多いです。

専門家や実績者の知見を学習することにより自分を高めるという姿勢は、もちろん悪いことではなく、むしろ素晴らしい国民性です。途上国であった日本が、明治維新を経て、急激に欧米の先進国に追い付くことができた原因は、鎖国されていた封建時代から解放された日本人が欧米社会のお手本を意欲的に学んで、実行したからです。

しかし、そのハウツウを支える土台にも関心を寄せなければ、ものまねでつくり上げたものは逆境にもろく、強い逆風が吹いたときには崩れてしまいます。

日本はバブル期に、外国から「学ぶことがなくなった」とうぬぼれていました。その「栄光」が崩れ去った今となってみると、その華麗な経済社会は外見のものまねに過ぎなかったということがわかってきました。自分の視界に入っているものしか関心がなかったため、土台を築いていなかったのです。

やり方というものまねに固持しない、認知限界を超える、「あり方」という意識が、独自のイノベーションにつながるのです。

59 世の中で通じるためには思いやりが必要だ

Rationale and knowledge is not enough for success

世の中は理智ばかりで渡れるものではない。
理智に伴う温情がなければならぬ。

【「渋沢栄一訓言集」・一言集】

†

現代の言葉で言うと……

理性や知恵ばかりでは世の中で通用することはなく、
同時に思いやりも必要だ。

思いやりとは、両側をつなげる橋渡し

理屈や知識だけで、万全な人間関係を築くことができると思ったら、それは大間違いです。人は、情で動きます。正論で相手を圧倒しても、谷だけが残って、かえって渡る橋を壊してしまうかもしれません。

温情や思いやりとは、その橋渡しです。橋が架かっていれば、相互の知識が、その谷を相互に渡ることができるのです。橋がなければ、せっかくの知識が両側に孤立してしまうのです。

強風が吹いた場合、その橋は大きく揺れるかもしれません。だからこそ、意志という柱が両端をしっかりと固定する必要があるのです。

思いやりという橋は、夫婦関係でも、友人関係でも、取引関係でも国家関係でも大切なことです。なぜなら、これが信用につながるからです。

ただ、こちらの都合だけであれば、それは思いやりになりません。余計な親切は、まさに余計なお世話です。こちら側の視点では見えなかったことが、相手側の視点では何が見えているのかを想像する力。この想像力を実践できることが仁徳であり、これが、本当の意味の思いやりです。

60 結果が全てでは成功といえない

Real success and personal character

目的を達するにおいては手段を選ばずなど、成功という意義を誤解している。

【『論語と算盤』・人格と修養】

†

現代の言葉で言うと……

手段を選ばす、「結果が全て」とは成功ではない。

他に感動、活力を与えることが成功

手段を問わず、富や地位を得られさえすれば、それが成功の判断材料であるという考えが一般的に少なくありません。しかし、「結果が全て」なんてことはありません。

また、今までの日本社会では、「個人主義」や「自己責任」という言葉が一人歩きして、それは自分一人だけの利益を計るという意味だと思っている人々が多いです。

もちろん、人間社会が機能するためには、お金儲けは本来、大切なことであり、卑しい行為ではありません。問題は、目的を達するためには手段を選ばずということによって、成功の本当の意味の誤解を招いていることであります。

富や地位は、目的や結果ではありません。富や地位は、あくまでも、良い世の中を築くために活用すべき手段なのです。

学生時代から地雷や子供兵の問題への支援活動をしている鬼丸昌也さんという若者の名言にしびれました。「私たちは微力かもしれないが、決して無力ではない」。彼の活動の結果は、まだ多くの人々に見えていないかもしれません。しかし、彼はまぎれもない「成功者」です。なぜなら、個人という立場から、自己の責任を負い、良い世の中を築くために、他に感動、活力を与えているからです。

61 サムライでもビジネス・センスがほしい

The way of the business samurai, moral and commerce

武士的精神の必要であることは無論であるが、
しかし武士的精神のみに偏して
商才というものが無ければ、
経済の上から自滅を招くようになる。

【「論語と算盤」・処世と信条】

†

現代の言葉で言うと……

もちろん、武士道の精神に志すべきである。
しかし、武士道精神だけを掲げても、商才に長けていなければ、
経済社会では自滅してしまう。

「義」の経済化がグローバル展開のカギ

武士道の精神の要に「義」という道徳観があります。一方、この道徳というきれいな「あり方」と、商売の才能という実践の「やり方」は何も関係がないように見えるかもしれません。

しかし、商売の命は信用です。倫理なき商売は、いずれ信用を失い、信用を失う商売が長続きできるわけがありません。「武士に二言はない」というように、商売にサムライ・スピリットが必要なのは、信用力を高めるためです。

明治維新から現在まで、多くの学説や価値観が欧米社会から導入されて、日本の経済が発展しました。日本の八〇年代のバブル期には「日本型経営」への関心が高まりました。一方、現在で言われる「グローバル・スタンダード」とは欧米的価値観の基準の代名詞となっています。

ただ、CSV（クリエイティング・シェアード・バリュー）、つまり共有価値の創造などは、全く新しい西洋的な経営概念というより、東洋の「義」の価値観と似ています。「義」の経済化、平たく言うとサムライのビジネス・センスを高めることが、グローバルなスタンダードになるための必要なカギになるのでしょう。

62 サラリーマンだからという言い訳は止めよう

Society cannot progress if businessmen spend their days hiding under the floor

商工業者が、いかに資本を集めても、いかに骨を折っても、縁の下で生活するというような、卑屈な考えをもっていては、とうてい社会の健全なる発達を図ることはできない。

【「渋沢栄一訓言集」・実業と経済】

†

現代の言葉で言うと……

いかに資本を集めることに成功しても、いかに仕事に打ち込んでも、「自分はサラリーマンだから」という考えにとらわれているようでは、健全な社会を築くことはできない。

認知限界を払しょくして、新しいレールを敷こう

二〇世紀の敗戦のとき、当時の日本国民が抱いた気持ちは絶望ではなく、再び立ち上がるというパッションでした。破壊されたレールを自ら敷くというベンチャー的な中小企業が、その後の日本、さらには世界を代表する大企業へと成長します。「サラリーマン」という言葉は、自分の生活が日々向上していく実感の象徴となりました。

しかし、既に敷かれたレールに乗るだけでよい時代になってくると、残念なことに「サラリーマンだから」という表現は、自分の無力、無気力の正当化の言葉として使われるようになりました。

「オレの仕事はコレ。アレは関係ないサ」

「そんなこと前例がなくて、できるわけがないサ」

このような考えを持った日本人は、自分では気づかないのかもしれませんが、縁の下に生活しています。いくら骨を折って働いても、これでは、日本の経済社会の発展はありません。二一世紀の日本はふたたび「敗戦」を経験しています。認知限界を超えて、新たなレールを自ら敷く意識を持つ一人ひとりの集合が、世界の平和と日本の繁栄へとつながるのです。「サラリーマンだから」は、禁止用語にすべきです。

63 立場とはあくまでも相対的なものだ

A position is all relative

自己の立場と他人の立場とを相対的に見ることを忘れてはならぬ。

【「論語と算盤」・立志と学問】

†

現代の言葉で言うと……

自分の立場と他人の立場を相対的に見よう。

誰が正しい、間違っているではない

大局観を誤らず、自分の立場を見定めることは大切です。ただ、私たちは功に急いで大局を忘れ、目先の事物に拘泥し、成功に満足するかと思えば、失敗に落胆する傾向があります。

「あの人には失望した」「信頼を損ねた」と断言する人々は少なくありません。しかし、それは、自分の立場から一方的に相手を見ているだけであって、相手が置かれている立場という大局観が欠けているからです。

人は基本的に、自分が聞きたいことしか耳に入りません。また、第三者が間に入る伝言ゲームになると、この傾向は高まります。一方、言うほうにも、説明した内容を相手が自分と同じくらい理解してくれているだろうと思う落ち度があるでしょう。

コミュニケーションの怖いところは、何も言わない、言っていないときにも、情報が相手に発信されていることです。

「なぜ何も言ってくれなかったの」「わかってくれたと思っていたからだよ」

誰が正しい、間違っているではありません。両側の立場から見えている視点が異なるということを理解することが、解決への第一歩です。

64 踏むべき道は目の前にある

The path of virtue is right in front of your eyes

道すなわち仁は人々日常行履《あんり》すべきものであって近く眼前にあり。

【「論語講義」・子罕第九】

†

現代の言葉で言うと……

踏むべき道、つまり相手への思いやりは、日々の常識であり、目の前にあるものだ。

世界が絶賛した日本人の「道」

「道」という仁徳は、私たちが日常的に行う目の前にあることであり、決して遠い存在ではないのです。

例えば、街中で誰かが困っているときに、他の人が助けてくれるだろうと知らんぷりするのではなく、声をかける。お店のレジで「俺は客だ」という態度をとるのではなく、「どうもありがとう」と一言を言う。

このように当たり前なことを当たり前に他に接することが、人の「道」なのです。極めてわかりやすい順路であり、迷子になることはありません。

３・11の大震災後の被災地で悲惨な状況に置かれても、日本人が行儀よく列に並んで順番を待つ姿を世界は絶賛しました。市民同士の略奪のケースも少なく、コンビニも目先の利益優先ではなく、地域のニーズに応えるように店舗を速やかに再開するなど、感動的な事例がたくさんありました。

しかし、大震災という有事のときに、被災者の方々が「道」を外さなかったのは、日常という平時のときに、その「道」を歩んでいるからに過ぎません。私たちが踏むべき道は、目の前にあるのです。

65

過失は自覚できない

People usually do not see their own shortcomings

たいてい人は過失をしながら、
これを自覚せぬが多し。
たとい自覚しても心に悔いて改むる者は
はなはだ少し。

【「論語講義」・公冶長第五】

†

現代の言葉で言うと……

人は自分の誤りを自覚できない場合が多い。
また、自覚したとしても、それが心に届き、
改善しようと思う者は少ない。

自分の姿が反射している鏡を否定するな

自分の過失を自覚することは難しいです。なぜなら、鏡がなければ、自分で自分の全体像を見ることができないからです。

相手の反応が、自分の姿を反射する鏡になることがありますが、それが自分の予期しなかった反応で心外であると感じれば、私たちはその鏡を見ようとしません。自分の行動や考えが間違っていたかもしれないと思い始めても、もはや引き下がることができなくなり、自分の立場を正当化してしまいます。

相手でなければ、相手の苦しみや痛みがわからないことがたくさんあります。また、相手でなければ、自分では見えない自分の姿も見えてきません。これは、対人関係だけではなく、国家関係でも同じことが言えます。

だから、対話が大切なのです。どちらが正しい、間違っているという口論ではなく、自分では自覚できなかった姿があることを認識するためです。つまり、過失を自覚することは、自分のためであり、相手に「負けた」ということではありません。

自分の過失を自覚せず、殻に引きこもることは、自分が降参していることと同じなのです。

66 大きな改革のときは一足に飛ぶ

In times of reformation, jump to the next stage

かかる大改革の時は、通常の段階を通らず、一足飛びに終極の地に達することあり。これは国家に限らず、個人の事業の上に、幾らでもあることなり。

【「論語講義」・雍也第六】

†

現代の言葉で言うと……

大改革のときは、通常の階段を一歩ずつ上ることなく、次の階まで一足に飛ぶ。これは国家でも、個人の事業でも同じ現象が起こる。

予期できないことを予期する心の準備

日本人は、「徐々に変わる」という表現が好きなようです。

ただ、残念ながら、変化が徐々に起こることはありません。日本の歴史を振り返っても、徐々に次の時代が拓けたということはありません。変化するまで時間がかかったとしても、実際に変化が起こるときは一瞬の出来事です。

人生の転機も予期せぬタイミングで急に訪れます。その変化の原動力となるものは、マグマのように徐々に溜まりますが、噴火するときの勢いは凄まじいです。

これは、事業の発展や破たんも同じ。国家の行方も同じです。良いエネルギーでも悪いエネルギーでも、蓄積するには時間がかかり、放出されるときは一瞬です。

「クォンタム・ジャンプ」とは、物質のもとである量子が、ある一定のエネルギーを蓄えると、次元を飛び越えて別の量子の状態に飛躍する原子物理学の現象ですが、実は生命の進化でも宇宙のビッグバンでも通じる、絶対的な法則です。

そういう意味で大事なことは、未来の予期できないことを予期し、そのタイミングが実際に訪れたとき、躊躇なく一足に飛ぶという心の準備です。

第6章

本当に豊かになる生き方

67 仁と富のハーモニーを楽しもう

Virtue and wealth, in harmony

富みながらかつ仁義を行い得る例はたくさんある。

【「論語と算盤」・仁義と富貴】

†

現代の言葉で言うと……

お金儲けと仁義道徳が両立する例はたくさんある。

富が循環する豊かな社会

私益のために働くことを、まるで仁徳が欠けているような目で見て、公益のために働くのであれば、利益がなくてもよい。このような考えで、仁と富を全く別物扱いにしている事態は、まことに残念です。

一方、事業で成功する者が、自分が儲けている状態を正当化し、他人や世間はどうであろうと構わないという態度に陥る状態は、本当にみっともないものです。

もちろん、経済社会において生存競争がますます厳しくなることは自然の流れです。自分の日常の生活を豊かにしたいという気持ちは大切で、これは、一〇〇年前でも今でも変わりません。

しかし、世の中がどうであろうと、自分だけに利益があれば構わないという態度が許される社会は、ますます不健全になって生活が本当に豊かになっているとは言えません。これも、一〇〇年前でも、今でも変わらない。

仁義ある富は、社会に循環します。富が循環する社会は豊かな社会です。豊かな世の中で仁と富のハーモニーを楽しみましょう。

68 神聖な富をつくろう

The making of the sacred wealth

罪悪の伴わぬ神聖な富を作ろうとするには、どうしても一つの守るべき主義を持たなければならぬ。

【「論語と算盤」・理想と迷信】

†

現代の言葉で言うと……

罪悪感がない神聖な富をつくるためには、必ず守るべき主義が必要である。

規制は国全体の富を抑制する

日本にはフロンティアがない、とよく言われます。そうでしょうか。例えば、インターネット業界のように一世代前にはなかった新天地が開かれていて、そこで一儲けしようと意欲的な人がたくさん出てきています。

偶然の幸運で大富を得た人もいます。そのような人物は、大勢の憧れの「スター」となり、多くの人を刺激、誘惑し、同じことを狙う人物も現れてきます。

もしかすると、このような成果が目標となる時代では、倫理とか仁義道徳は旧世紀の遺物としか見られないかもしれません。自分が他より多くのことを知って、いち早く行動することが、成功への早道に見えるでしょう。

ただ、知識と行動力で自分の富を増す意識だけでは、精神的な堕落に傾きます。心の働きがにぶり、不本意な出来事や事件に巻き込まれるケースもあるでしょう。

不正を正すと言って、利益を上げる者を規制し、小さい範囲に閉じ込めようとすれば、その弊害を減らすことに成功できても、国全体の富の発展が止まってしまいます。神聖な富をつくることは不可欠です。仁義道徳と利益を上げることは決して矛盾していません。

69 理論や学問だけで栄えることはない

Need both theory and practice for prosperity

理論と実際、学問と実業とが
互いに並行して発達せないと、
国家が真に興隆せぬのである。

【「論語と算盤」・人格と修養】

†

現代の言葉で言うと……

理論と実際、学問と実業が共に発達しなければ、
国家が真に栄えることはない。

持続的成長に必要な精神面のバランス

人間の行動の判断には、理論という土台が重要です。また、常に学ぶことは人生にとって大切な姿勢です。ただ、専門家が提唱する理論と世の中の現実が懸け離れている場合、あるいは学問と事業が互いに発達しないようであれば、それは、まさに空理空論になります。

空理空論では優れた人が育つことがなく、優れた人材が乏しい国家社会が持続的に成長することはできません。優れた人材とは行動する人材です。その行動に必要なのは、物理的な力や知識を得るだけではなく、精神面とのバランスです。

「智」だけでは必ずしも行動につながりません。「情」があるからこそ、動きが生じます。ただ、「情」に流されることがないように「意」が必要です。そして、「意」が強すぎて頑固にならないように、様々な側面から取り入れる「智」が必要です。

また、このように精神面のバランスを保って育つ人は、自分の行動とは自分のものだけではなく、社会の一員として全体を動かしているということがわかっています。誰かに命令されているからではなく、自発的に行動する意識。理論や学問で教わることではないかもしれませんが、人として当たり前のことではないでしょうか。

70 倹約しすぎてもよろしくない

Being extremely frugal leads to no good

倹約ということはただ単に物を節約するという消極的一方だけではよろしくない。

【「論語講義」・里仁第四】

†

現代の言葉で言うと……

倹約しているということで、むやみに物を節約するという消極なスタンスはよくない。

ブレーキを踏み続ければ前進できない

子供の頃から、無駄遣いはよくないと教えられてきました。ただ、大人になって自分の景気が良いときに調子に乗ってしまい、つい羽振りよくお金を使ってしまったという経験を持つ人は多いでしょう。

では、お金を全く使わないことが自分や社会のためになっているかというと、必ずしもそうではありません。お金は社会に循環することで、価値が生きてくるのです。

会社の業績が悪化したから、リストラクチャリングで自分が期待していた収入が減った。このような不安な状態では、個人がお金を使わなくなり倹約することは当たり前の反応です。ただ、経済社会の一人ひとりがお金を使わなくなると、消費が伸び悩み、供給が過剰となり、事業のリストラが必要となる。悪循環のスパイラルです。

節約とは、あくまでも守りのブレーキです。危険を避けるためにブレーキを踏むことは当然ですが、いつまでもブレーキを踏み続ければ前進できません。もちろん、ブレーキを踏み続ければ燃料は節約できますが、それでは人生という旅を楽しむことができません。未来に向かって出発したいのであれば、ブレーキから足を外してアクセルを踏みましょう。

71 世界一の大富豪になるだけでは意味はない

Being the wealthiest man in the world doesn't mean a thing, if the society does not benefit

殖利に欲望なきものはなきはずなれども、
さて営々蓄積して、
世界第一の富豪となったればとて、
それが必ずしも国家社会の利となるわけでもない。

【「渋沢栄一訓言集」・処事と接物】

†

現代の言葉で言うと……

お金儲けしたいという意欲は大切である。しかし、富を成し遂げることに成功し、世界一の大富豪になったとしても、それだけでは、必ずしも国家社会の利益になっていない。

恵まれた知恵や才能も社会の発展に使うべし

最大の「社会貢献」は税金を払うことである、という声が時々聞こえてきます。確かに、個人の収入や企業の収益が課税されて政府予算の収入となり、公益のための出費となるので、一理ある主張です。

また、個人が自分の収入を上げたい、企業が収益を高めたいという意欲は不可欠です。向上心が失せてしまう社会は、ズルズルと停滞してしまいます。

ただ、世界一の大富豪になっても世界一の収益を上げる企業であっても、政府に税金を払うことだけで自分の社会的責任を果たしているという思い込みは、必ずしも国家社会の役に立ってはいません。せっかく影響力がある立場に恵まれているのですから、世間のためにもっと活動を高めなければなりません。

そもそも自分が稼いだ利益とは、経済社会の存在があったからこそ実現できたものです。税金・政府という間接的なルートだけではなく、安定した平和な経済社会が持続することに、直接的に努めることも大事ではないでしょうか。

世界一の大富豪になれるほどの知恵や才能に恵まれているのであれば、社会に良い相乗効果を与えるアイデアも、色々と発案して実行できるはずです。

72 個人の富だけでは国の名誉と幸福にならない

The wealth of individuals and honor and happiness of nations

富というものは人においても、国においても、
血液同様のものであるが、
個人の富がいかに多いからとて、
その国の無上の栄誉、無上の幸福とは言われない。

【「渋沢栄一訓言集」・実業と経済】

†

現代の言葉で言うと……

一個人であっても一国であっても、富とは血液のように大切なものである。しかし、お金持ちが多くても、それだけではその国の栄誉、幸福に必ずしもつながらない。

個人の富の使い方が大事

富というものは、人の場合でも国の場合でも、血液のように重要な存在です。また、血液という意味では、富は社会という体内に隅から隅まで循環しなければなりません。

そういう意味では、日本の一般家計は総額で八九〇兆円ほどの現預金を抱えています。合計で日本人は、アメリカ人より「お金」持ちなのです。しかし、その「血液」は日本社会に循環しているとは決して言えないのです。

日本全国の銀行には、六五〇兆円ほどの現預金が積み上がっています。そのうち、およそ二六〇兆円が日本国債に化けています。ゆうちょ銀行の場合、個人からおよそ一七五兆円の預金を預かっていますが、そのうちの一〇〇兆円強が国債に投資されています。

日本国債は、言うまでもなく日本政府の財政赤字という大借金を支えています。個人の富が国の名誉になっていないことは明らかです。一方、個人の幸福を支えているのは政府の公的出費と言えるかもしれませんが、中央と政府を合わせると一〇〇〇兆円に近づいている財政の大借金によって幸福の持続性が問われています。

富の多さではなく使い方が、栄誉と幸福へつながるのです。

73 真の富とは社会も利する

Real success depends on contributions to society

正義人道に基づいて、
国家社会を利するとともに、
自己もまた富むものでなければ
真の成功者とは言われない。

【「渋沢栄一訓言集」・道徳と功利】

†

現代の言葉で言うと……

真の成功者とは、自分だけが富むことではなく、
正義と人道に基づいて、国家社会の繁栄を支えることである。

利己と利他とは同期性ある関係

一般的に、「私益」とは利己的な利益の追求であり、「公益」とは利他的な利益を指しますが、日本では「公」とは西洋社会でいうPublicではなく、自分の私益領域以外のところを示す場合が多いので、利己と利他とは別領域と整理する向きが多いです。

ただ、利己と利他が相容れないわけではありません。

例えば、親が子供の健康、しつけや教育を重んずることは、自分の子供のためという利己的な行動といえます。しかし、いくら優秀な人間に育てることができても、大人になったとき社会で一人だけで生活するわけではありません。だから、「騙さない」「盗まない」「傷つけない」「助ける」「支える」「感謝する」、つまり、正義や人道を親は子に教えます。

また、自分の子供たちの未来のための教育資金などを株式投資で積み立てることは、利己的な行動です。しかし、この利己的な資金が大勢から寄り集まれば、持続的な企業価値の創造を支える良質な長期資本を供給し、利他的な結果へとつながります。

利己と利他は、実は懸け離れている存在ではなく、互いの同期性が極めて高い関係なのです。つまり、利己に時間軸をとれば、持続性ある利他へとつながるのです。

74 人に幸福を与える良心は無限だ

Wealth is finite, but the desire to give happiness is not

富には限りがあるから、
有限をもって無限を救うことはできない。
しかし、すべての人に幸福を与えたいのは
吾人の本願で、これ実に人類の道心である。

【「渋沢栄一訓言集」・道徳と功利】

†

現代の言葉で言うと……

富には限りがある。だから、全てを救うことはできない。
しかし、全ての人々に幸福を与えたいと思うことは
自分の切な願いであり、人類の普遍的な良心であろう。

ちょっと動き始めるだけでいい

富は、無限ではなく、限りがあります。つまり、有限をもって無限を救うことはできないことが現実です。

しかし、四方の海の向こうは私たちの兄弟姉妹がいて、同じ太陽の下で生活しています。可能であれば、全ての人に幸福を与えたいと思うのが我々の本来の願いでしょう。

これは、良識ある人々が共有する本心です。

ただ、私たちは、すぐに自分の心にブレーキをかけてしまう場合がほとんどでしょう。何かしてあげたい。けれども、できない理由がたくさんあって、私たちの思いが行動へとつながることは少ないです。

しかし、この世の中の良識ある人々が、やれるところから、やる。できるところまで、やる。ということになれば、実は、この世の中の課題に対して、かなりの成果で応えられることは間違いありません。

「ちょっと忙しいから」「ちょっと考えてから」と口走る人々が、今からちょっと動くだけで、今日より良い明日が築けるはずです。

75 仁義と利益は合一する存在である

Ethics and profits are one

義利合一に対する疑念は、今日ただちに根本から一掃せねばならぬ。

【「論語と算盤」・仁義と富貴】

†

現代の言葉で言うと……

仁義と利益は相容れないという考えを打破し、根本から合一しているものであるということを、ただちに根付かせなければならない。

本当に豊かになる生き方はWin－Win

「仁を成せば則ち富まず、富めば則ち仁ならず」
「利につけば仁に遠ざかり、義によれば利を失う」
このような偏った解釈が世間で広まった弊害は大きいです。まるで、富むことが仁義道徳に反して真っ当な生き方ではないという風潮だけではなく、富を追求するためには、仁義道徳というきれい事よりハウツウ的な戦術を重視する向きが少なくありません。

自分さえ儲けていれば、他人や世間など構わないという情けない態度を正当化する人が増えれば増えるほど、社会がますます不健全化することは言うまでもありません。

本当に豊かになる生き方とは、物質的な水準では測れません。一方、自分が置かれた状況で、自身が恵まれた才能を最大に表現し、この世の中でなるべく多くの人々とWin－Winを実現できれば、豊かさを実感することに間違いないでしょう。

生活で義を重視しながら、富む例「義利合一」とは、本当に豊かになる生き方です。

76 論語とは実用的なアプリなのだ

Confucianism is a practical application

論語は決してむずかしい学理ではない。
孔夫子の教えは実用的の卑近《ひきん》の教えである。

【「論語と算盤」・処世と信条】

†

現代の言葉で言うと……

論語は決して難しくない。
孔子の教えは実用的であり、身近なものなのだ。

孔子は結構さばけた人柄

論語は決して難しい学問や理論ではなく、学者でなければわからないというものではありません。論語の教えは、広く世間に役立った実用的なものであり、従来はわかりやすいものであったところに、学者や専門家などが難しくしてしまった、と渋沢栄一は嘆きます。

確かに、スマートフォンなどに入っているアプリは実用的で、誰でも使えます。ただ、そのアプリを制作したのは専門的な知見が高い人になります。論語も同じなのかもしれません。

また、栄一は、孔子は決してむずかし屋ではなく、結構さばけた人柄で、商人でも農民でも誰にでも会って教えてくれた人物と評します。栄一も、会いに来た訪問者を門前払いすることなく、大勢の方々と面会した日常でした。

論語には人に交わる日常のヒントがたくさんあるので、このヒントに従い商売をして利益を上げることはできる、というのが栄一の主張です。

お金を儲けることは卑しいことでは決してありません。お金儲けを卑しいと思うようでは、国家社会が成り立たなくなります。

第7章

良い社会のための経営

77 経営の燃料になる知恵と道徳

Management is fueled by wisdom and morality

汽船を動かすには、石炭、石油等の燃料がなくてはならない。
商業もしくは事業の経営には、
智者および道徳がなくてはならない。

【「渋沢栄一訓言集」・実業と経済】

†

現代の言葉で言うと……

船を動かすには燃料が必要だ。
企業経営の燃料は、賢者と道徳である。

事業者の社会的取り組みは、コストではなく「長期投資」

汽船を動かすには、燃料が必要です。しかし、燃料をたくさん蓄えても、火や空気がなければ船が動くことはありません。そして、その火が、きれいに勢いよく燃えるためには空気の調整が必要です。

企業を動かすのは人的資本、物的資本、財務資本など燃料が必要です。しかし、資本が豊富でも、経営にスパークがなければ、その企業が栄えることはないでしょう。そして、その経営エンジンがきれいに燃え続けるためには、企業理念や倫理規範などが必要となります。

つまり、良い社会のための経営とは、良い会社のための経営でもあるのです。

会社が社会的責任（CSR）や社会的課題に取り組むことは、事業のための社会的コストと考える向きが多いですが、費用とは単年度に使いきるものです。一方、社会的課題に取り組む活動の成果は、単年度の評価は困難で、かつ、本質的ではありません。

会社が社会的課題に取り組む理由は、企業価値を創造できる環境の持続性を高めるためです。つまり、コストではなく、長期投資なのです。

78 企業価値の根源である思想と行動

Corporate value is created by work ethics

その商業の強固に発達する原因は何であるか、結局その人の思想が堅実にして、事に処し物に応じて、適当なる働きを為すにある。

【「渋沢栄一訓言集」・実業と経済】

†

現代の言葉で言うと……

その会社が強固に発達する原因は何か。結局、そこに働く人々の理念や倫理が堅実であり、事柄に応じる際に適切な動きができているからだ。

価値創造の当事者には心の置き所が重要

持続的に発展し続けられる会社の秘訣は何でしょうか。もちろん、経営者や職員が会社の利益や更なる発展の意識を持って、日々努めることは当然のことです。ただ、短期的な利益だけを眼中に置かないで、持続的に発展するためには、やはり、その会社の役職員が日頃の物事に堅実に、かつ、変化する状況に応じて機敏に行動できることに尽きるでしょう。

堅実であっても、過去の功績や前例ばかりを重んじて、創業時の理念と時代に応える柔軟性を忘れるようでは、変化する環境に対応することができません。気が付いたら、後から追ってきた後進者が強豪となって、自分たちの優勢な立場が失われ、自分たちが後進者に陥っているかもしれません。

一方、足取り軽く行動できても、骨太な組み立てが欠けているようでは、逆風が吹いたときには対応できないかもしれません。この場合も会社の創業理念の意識が薄れて、逆に役職員が流されてしまい、同床異夢に陥って、苦しいときにふんばりが利かないかもしれません。いずれにしても、会社の持続的な価値創造には、当事者の心の置き所が重要であるということは明らかです。

79 仕事の大小かかわらず努めよう

Large or small, do it right.
Do it with compassion

事務を扱うには大小に論なく、常に規律を守り、命令に背かぬようとするとともに、情愛を含んで、これを扱わざれば、真正の進歩、発達は、期し得られないものである。

【「渋沢栄一訓言集」・処事と接物】

†

現代の言葉で言うと……

仕事の大小を問わず、常に規律を守って、命令に背くことはないという姿勢だけではなく、同時に互いを大切にするという人間の気持ちがなければ、本当の進歩や発達はあり得ない。

パッションによって他人の関心を寄せる

仕事の大小にかかわらず、常に自主的に規律を守ることは大事です。また、当然のことですが、経営者や上司の指示に背くことのないよう努める必要があります。

ただ、与えられた指示を間違いなく実行することは大切でも、感情なきロボットのように淡々と事を進めるだけでは「いい仕事」にはなりません。やはり、人間には情という行動のスイッチがあり、かつ、そのスイッチを入れることが必要です。

マニュアルとは、将来に想定した有事が起こったときの対応のために作成されたものです。一方、本当の進歩や発達とは、「想定外」の状況に対面したときに、機敏、かつ、適切に対応できたときに生じる現象です。

仕事の大小にかかわらず、ルールを守ることだけで十分と思ってはなりません。やはり、パッションを持って仕事に努めることで、結果的に他の賛同や参加を得る乗数効果が期待されるのです。

たった一人でできる仕事は限られています。やはり、他の人にも取り組んでもらうためには、相手の気持ちを大切にする意識が不可欠です。

80

公的金融機関は民業を圧迫する

Public financial institutions must be kept in balance

元来我が国の経済と財政とは調和を保って居らぬ。経済は何時でも財政の為に圧迫を受けて居るのに、若し此の上郵便貯金万能となるならば、此の弊害をして益々増長せしむるに至るであろう。

【「青淵百話」・貯蓄と貯蓄機関】

†

現代の言葉で言うと……

もともと、日本の経済と財政は調和していない。経済はいつでも財政の負担を支えているのに、そのうえ、公的金融機関が有利の立場に置かれるのであれば、財政の負担はますます増える一方になる。

郵政改革は「民営化」ではなく「廃止」すべきだった

昔でも今でも、日本政府の負債を民間が支えている構図になっています。国家財政は、国力の一部分に過ぎませんが、日本の場合、国力の大部分は常に財政に支えられています。

したがって、財政は常に経済界を支配するようになり、財政が緊縮すると世間は不景気となり、財政が膨張すると景気が上向きます。

経済は、いつでも財政の動向に左右されるので、郵便貯金の既得権益は弊害となると渋沢栄一の時代から指摘されていました。郵便貯金を利用して公債の買い入れや公共インフラ建設の資金を出資することは、政府側の立場から見れば大いに便利ですが、この方法では財政が経済の調和を損害するので好ましいことではない、と。

日本の現在の政府負債がＧＤＰの二三〇％超という、史上、先進国では例がない水準まで膨張したという事態も、公的金融機関の存在で安易に国債の引き受けが可能であったという弊害であると言えるでしょう。

郵便貯金は、「民営化」ではなく「廃止」すべきでした。今後、新しい預金口座を受け付けないことで、一～二世代の時間をかけて、段階的に廃止できるはずです。

81 すべて政府に頼ることはだらしない

Don't ask the government to do everything

政府万能主義で、何事も政府に依頼せんと欲するは、
国民一般の元気なき表徴であって、
腑甲斐《ふがい》なき至りといわねばならない。

【「渋沢栄一訓言集」・立志と修養】

†

現代の言葉で言うと……

政府が万能で、何事も政府に依頼することは、
国民が元気のないことを象徴していることであり、
全くだらしがない。

民間力を推進して国力を増強せよ

政府を万能と思い込み、何かあるとすぐに陳情する姿勢は、国民に元気がないことを表しています。このように気が弱い状態では、気迫が欠けていて日本の新しい時代が拓けるわけがありません。

日本社会では、自分の都合が悪くなると、すぐに政治が悪いとか役人が悪い、と不満の声が上がります。では、いったい、誰が現在の政治の状態を許しているのでしょうか。まるで鏡に向かって指をさしているようです。

国民一人ひとりが国や社会の行方について嘆いているのに、多くの人が投票に行かないか、テレビで吠えている有名人にしか関心を寄せません。日本という民主主義国家社会の運営の責任を放棄しているから、そもそも官僚という少数支配階級が成り立つどころか、かえって必要となるのです。

中央と地方を合わせて、およそ一〇〇〇兆円の債務を抱える政府が万能であるという認識が甘いのです。日本国民が、常に政府に保護を求めれば、政府破たんの確率が倍増します。今、日本で不可欠なことは、いかに世界で国力をつけるか、すなわち民間力を推進し発揮できる政治思想と施行です。

82
経営者は国家運営のハンドルを握るべし

Business executives must sit in the driver seat to direct the affairs of the state

国家の政治は財政を基礎とし、財政は経済を基礎とする以上、この経済機関の運転手たる実業家は、あらゆる政治問題に対し、常に中心的勢力であらねばならない。

【「渋沢栄一訓言集」・実業と経済】

†

現代の言葉で言うと……

国の政治は財政に支えられ、財政は経済に支えられている。したがって、企業の運転手である経営者は、あらゆる政治課題に対して、常に中心的な勢力でなければならない。

経営者が抵抗勢力になることはあり得ない

　国家の政治の基礎は財政です。その財政を支えるのが税収入と国債発行です。いずれも、経済活動から生じる財源です。つまり、財政の基礎は経済です。

　一方、経済の価値創造の源泉は、大小にかかわらず、一つひとつの民間企業になります。そして、その民間企業のハンドルを握っているのは経営者です。つまり、経営者は、あらゆる政治問題に対して、常に中心的な勢力でなければなりません。

　ただ、経営者が陳情を繰り返しながら、日本の現状に「政治が悪い」と嘆くのは、単に責任転嫁になります。「新しい成長」のグランド・ビジョンを政府に描いてもらうのではなく、一人ひとりがそれぞれの立場を通じて、新しい成長に取り組むことが経営者に期待されている任務です。

　また、「新しい成長」を担う民間企業の経営者が経済社会の変革への「抵抗勢力」になることはあり得ません。例えば、「形式的な属性」を理由に従来の経営の慣習に固持して、社外取締役の受け入れを拒否する風潮は打破しなければなりません。

　多様な視点を取り込むことができない経営者が、多様な視点を国家運営のために提供できるわけがありません。

83 世界との友好関係は発展の大要素

Growth of our nation depends on the world

今日のように紛議を醸しているは、お互いじつに遺憾に堪えない。国民の期待はどこまでも果たす勇気をもって、厭がられ嫌われる人民とならぬように心掛けることがすなわち発展の大要素であろう。

【「論語と算盤」・理想と迷信】

†

現代の言葉で言うと……

最近のように、もつれてまとまらない事態は遺憾である。勇気を持って、日本人が嫌がられる存在にならないように心がけることが、日本の発展に必要な大要素であり、結果的に国民の期待に応えられることになる。

経営者は民間外交に主導的に努めるべき

海外で自社の製品やサービスの発展の可能性が高い地域は、経営者の関心が高い、というのは当たり前です。そのようなポテンシャルが高い大国との政治関係は、互いにつじつまが合わなくなると、事業展開の様々なリスク要因が高まり、経営者は対応策に努めなければなりません。先方がわがままで不道理なことを言っていることもあるでしょう。ただ、このような事に展開してしまったことについて、私たち日本人も反省しなければならない点が多くあります。

日本人は、勇気を持たなければなりません。日本の世界発展のためには、世界のどこでも、日本人が嫌われる存在とならないように、私たち一人ひとりが心がけることが大事です。自分のことだけやっていればよいという閉鎖的概念から企業経営者が脱却できなければ、企業発展の持続性が問われます。

そういう意味では、政府間だけに外交を任せてはなりません。また、相手の意識や状況の情報入手をマスコミのレンズだけに頼ってもなりません。経営者が自ら相手国へ足を運び、事業関係者のみならず、様々な分野の識者と意見交換する民間外交に主導的に努めることが重要です。

84 資本の合同で競争力を強化する合本法

Incorporation for business competitiveness

およそ経済上の事業を成就するに、最も適当にして最も有利なる仕方は合本法である。

【「渋沢栄一訓言集」・事業と経済】

†

現代の言葉で言うと……

経済社会で会社の事業を成立させるために、最も適当で最も有利な方法は「合本法」である。

日本人の資本力の合同は不可欠

明治維新の当時、日本の富の力は微弱で、微弱な事業者が個々に仕事をするようでは、とても海外の商工業者と肩を並べることができませんでした。この現状を栄一は問題視して、日本の未来のために事業を経営するには資本を合同する「合本法」が必要であるというグランドデザインを描きます。

このようにして個々の資本が合同する「合本」が始まり、日本で初めて会社制度というものが生まれ、発達していったのです。その発展は目を見張るものとなりました。ただ、その発展は過去の功績となり、日本企業の存在が薄れてしまったというのが現在の一般的な見方です。日本企業が活かすことのできなかった技術者や幹部が外国企業へ転職するケースも広がり、彼らを売国奴と批判する声も聞こえます。

しかし、これは筋違いです。多くの日本企業の大株主は既に外国人になっています。それは、彼らが日本企業の価値を評価しているからです。むしろ、自国企業の未来の価値創造力を評価せずに株主にならない日本人のほうが問題です。日本人が買うことをしないから株価が長年低迷し、日本は外国人に安く企業を手放しているのです。日本人の資本の合同によって、日本の企業の未来を拓きましょう。

85 社会的価値ある消費で還元しよう

Return to society the wealth that was begotten

自己の労力によって蓄積したる財貨をいかにせば世のため、国のために、価値ある消費できようかと苦心する人は、すなわち君子と言ってよろしい。

【「渋沢栄一訓言集」・道徳と功利】

†

現代の言葉で言うと……

自分の労力によって築いた富を、世のため、国のためと消費して価値を還元するのは、立派な人だ。

資本家はお金を賢くつくって賢く使う

君子とは、平たく言えば、偉い人のことを示します。自分の労力によって蓄積した資産を、世のため人のために使う人は、価値ある消費をする君子です。

また、このように、賢くお金をつくれることと、賢くお金を使うことの両側面を持つ君子が、資本家であると言えます。

私たちは、資本主義の社会に暮らしています。ところが、どこかで勘違いが生じたのか、資本家とは君子どころか、お金儲けしか考えない卑しい存在と口を酸っぱくして言う人々が少なくありません。そのせいか、資本家という主役が不在の資本主義社会が、世間の常識のようになってしまいました。

マルクスの時代と比べて、現在は、社会環境が異なっています。当時の労働者階級、つまり、現在のサラリーマンでも株式を簡単に購入して企業の主になれるのです。一般個人の未来資金である年金基金は、資本市場では最大級の勢力です。

現在の日本では、大資本家が誕生し難い社会風土になっています。ただ、日本は、およそ一七〇〇兆円という豊富な一般家計の金融資産に恵まれています。つまり、日本は、「プチ資本家」創出のポテンシャルが極めて高いのです。

86 わずかなものの集合が巨万の富

Collective of the insignificant leads to significant wealth

巨万の富ももとは厘毛《りんもう》の集合したものである。
厘毛を疎かにしては、巨富を成し得られぬ。

【「論語講義」・述而第七】

†

現代の言葉で言うと……

もともと巨万の富とは、わずかなものの集合である。
わずかなものを疎かにしては、
巨万の富を成し遂げることはできない。

資本主義の上流には希望という清い滴がある

　一般家計の金融資産とは資本主義の上流にポタポタ垂れている清い滴です。この滴は、一人ひとりの未来への希望という極めてきれいな水質です。ただ、滴だけでは力がありません。

　しかし、その滴が寄り集まれば、チョロチョロと流れが生じます。その小さな流れが他の様々な流れと一緒になり、渓流となります。その渓流が様々な渓流と合流すると、いずれ大河になります。大河になれば、巨万の原動力が生じます。

　そもそも透き通った原水が、下流になると濁ってしまうのは、途中で余計な不純物がたくさん混ざってしまうからです。その不純物を取り除けば、ふたたび残るのは未来志向の清い水です。

　この未来志向を資本主義の大河にふたたび取り戻すことが、持続性ある良い世の中を次世代に残すために不可欠な、現役の責務です。資本主義の本来の力の姿は、決して卑しい存在ではない。未来を拓く、清い原動力なのです。

第8章

国家と世界平和づくり

87 維新の覚悟が不可欠だ

The resolve for reformation

大正維新というも畢竟《ひっきょう》この意味で、大いに覚悟を定めて上下一致の活動を現したいものであるが、一般が保守退嬰《たいえい》の風に傾いておる。今日の状態で経過すれば、後来悔ゆるがごとき愚をせぬように望む。

【「論語と算盤」・立志と学問】

†

現代の言葉で言うと……

今の時代には維新が不可欠という覚悟で社会全体が活動すべきであるが、人々は従来の考えに留まり、しりごみしている。この状態が続くようであれば、今後、悔やむような状態を招き入れてしまう。

次の時代に向かって、また日に新たなり

最近、「維新」という言葉をよく耳にするようになりました。維新の本来の意味は、「まことに日に新たに、日に日に新たにして、また日に新たなり」という四書「大学」にある教えから生じています。

「明治維新」とは、現代日本社会の起源であると私たちの記憶に刻み込まれています。この時代に失敗した事業も多かったです。ただ、決意と情熱をもって発展したので、色々な展開がありましたが、日本人のパワーを発揮できた時代でした。

一方、栄一が訴えていた「大正維新」は、言葉として残りませんでしたが、「大正デモクラシー」という言葉は残りました。民の民による国づくりの理想が芽生え始めていたのです。また、大正時代とは、途上国であった日本が西洋先進国に追いついた、日本の史上、最も豊かな黄金時代と言えるかもしれません。

しかし、その時代では既に守りに走る弊害がありました。その結果、「大正維新」を実現できなかった日本の行方は暗黒時代となります。平成の時代で豊かな生活を送る私たち日本人は、ふたたび「平成維新」の覚悟が不可欠となりました。まことに日に新たに、日に日に新たにして、また日に新たなり。

88 文明とは人々の知識能力で決まる

Civilized nations depend on the capacity of the people

一国の設備がいかによく整うていても、
これを処理する人の知識能力がそれに伴わなければ、
真正なる文明国とはいわれない。

【「論語と算盤」・理想と迷信】

†

現代の言葉で言うと……

国の社会設備が隅々と整っていても、
それをきちんと使いこなせるための人々の知識と能力が
釣り合っていなければ、本当の文明国とは言えない。

教養は世界の共通言語

日本が文明国であることに疑いはありません。確かに、文明国に必須な制度、法律や教育などが整備されています。しかし、設備がしっかりと整っていても、その設備を上手に使えるような知識や能力を伴っている人がいなければ、本当の文明国とは言えないでしょう。

やはり、文明国にとって、その国の人の質が大事なのです。いかに立派な着物でも、それを着用する人の野蛮な行動が目立つようでは意味がありません。

その大事な知識や能力を身に付けるための教育は、残念ながら、日本の受験の勉強法で満たされるとは言い難いです。文明に必要な知見とは、詰め込みの暗記ではありません。特に多様な価値観が混在する二一世紀のグローバル社会では、ひとつの正しい解答より、多数の正しい質問を問いかける能力が重要となります。

まさに多様な文明に触れて、認知限界を超え、新しい知見を得ることが教養教育です。教養とは、世界の文明同士の共通言語なのです。

89 物質的進歩は精神的進歩とバランスすべき

Materialism and spiritualism must be in balance

物質的文明のみ長路の進歩を遂げて、精神的文明の進歩がこれに伴わなければ、あたかも天秤の一方が重くなれば、一方が急に跳ね上がるごとくに、精神的文明は、物質的文明の進歩に逆比例して退化するのである。

【「渋沢栄一訓言集」・道徳と功利】

†

現代の言葉で言うと……

物質的文明の進歩と共に精神的文明も進歩しなければ、片方が重い天秤のように、バランスが取れなくなる。

物質的進歩と精神的進歩の天秤を取り戻せ

物質的文明の進歩に連れて、精神的文明の進歩も同じペースで前進する必要があります。しかし、残念ながら、両方は片方が重い天秤の関係のように物資的文明の進歩に逆比例して、精神的文明が退化してしまう傾向が目立ちます。

日本人の祖先が、現在の私たちが暮らす日本の物質的文明の大発展を見ることができたら、びっくり仰天するでしょう。彼らの想像をはるかに超えた生活水準を日本人が築けたことは、誇りに思うべきです。

現在の時代において、多くの世界の国が、我々の国、日本のような物質的文明の発展を自分たちの国にも希望していることでしょう。

しかし、これほど物質的文明が豊かになった国が、これほど精神的文明に余裕がない例は、人類の歴史で初めてと言っても過言にならないでしょう。

天秤のバランスが取れている日本人は少なくありませんが、その一方で、バランスが傾いている日本人も多いのです。

90 皆が国政を意識することは望ましい

Concerns for national politics by the people is good

国民みな一様に国家を愛し、
国政を憂えるようになったのは、
国家としての一大進歩である。

【「渋沢栄一訓言集」・国家と社会】

†

現代の言葉で言うと……

国民全体が日本のために、国政について意識するようになったということは、大変望ましいことだ。

自家を愛するからこそ必要な平和の意識

日本の国民の皆が、日本という国家を愛し、国政について心もとなく思えるようになれば、国家として必ず一大進歩します。

ところが、「国家を愛する」ということに偏見を感じるのが戦後日本の哀しい現状です。「愛国者」や「パトリオット」など、外国では普通に日常生活で使う言葉が堂々と使えなくなった原因は何でしょう。七〇年前に国家に騙されたというトラウマを、国民が抱えているからでしょうか。

そもそも国家とは何でしょうか。権力なのか、象徴なのか、あるいは単なる領土なのか。国家を国民が暮らす家だとすれば、自分の家を愛することと平和が相容れないという考えを、国民は正さなければなりません。

自分の家を愛しても、他の家と平和に近所付き合いができるはずです。いや、むしろ、自分が住む家を愛しているからこそ、自分の庭にご近所が足を踏み入れたと神経を尖らせるよりも、前向きに彼らと付き合うことに気を遣うはずです。このような国政が実現できるのは、国民の良識にかかっています。

91 弱者の自立と強者の自覚

Self reliance is more important than protection

弱者を救うは必然のことであるが、
更に政治上より論じても、
なるべく直接保護を避けて防貧の方法を講じたい。

【「論語と算盤」・仁義と富貴】

†

現代の言葉で言うと……

弱者を救済することは必然であるが、なるべく直接的な保護を避けて、弱者が自立できる政策を政治は施行すべきである。

本当の意味のリターンは恩返し

社会が弱者へ救いの手を差し伸べることは必然です。しかし、時々政治の場で論じられるような直接的な保護ではなく、なるべく弱者が自立する方法を意識すべきではないでしょうか。弱者を常に弱者であるという型に収めることは、本当の意味で「やさしい政治」とは言えません。

一方、いかに自ら苦労して築いた功績の富であっても、それが自分の専有だと思うのは、大きな間違いです。才能がある人間でも、自分一人だけであれば、何事も成し遂げることができないのが現実です。

安定した社会の土台に恵まれているからこそ、自分は利益を上げて、安全に生活できているという意識を高めることが必要です。国家社会が不在の場合、どんな人でも満足にこの世に立つことは不可能です。

強者は、常に社会からかなりの支援を受けています。このような「選ばれた」才能がある人だからこそ、その恩恵を被るお返しとして弱者への救済に自ら努めることは、当然の義務です。その本当の意味のリターンは、税金や政治だけを介して間接的に行うものではなく、直接的に自ら行う責任でもあります。

92 ハードパワーだけでは国力は強化できない

National power cannot be strengthened just by arms

国家は軍艦と鉄砲ばかりでは強くならぬ。

【「渋沢栄一訓言集」・一言集】

†

現代の言葉で言うと……

国力を強化するのは軍事力だけではない。

かけがえのない存在であることが国力の本質

今の時代で、他国との対立を軍事力だけで解決しようという考えは、ほとんどないでしょう。ただ、国の安全保障のために整備をすることは、国民が政府に託している当然の義務です。軍艦を軍艦と呼ばず、撃つためにある鉄砲を撃てない鉄砲にすることは、常識とは言えません。

ただ、安全保障の本質は、国民が安全・安心に生活する国力の持続であることは明らかです。その国力を強化するには、軍整備などのハードパワーだけでは不十分です。また、こちらから自分の理屈や都合を相手に押しつけることも、国力強化の本質ではありません。自分自身の思想や行動を常に高め、相手を引き寄せ魅了する力、つまりソフトパワーも必要であり、むしろ、これが国力強化の本質に近づきます。

自国の国民だけではなく、他国の国民からの視点もかけがえのない存在であることが、国力の本質です。このパワーは、引力や重力のように、目に見えない力であり、常に意識している力でもありません。しかし、常に存在している力であり、日常生活を送るには不可欠な力です。確かなのは、この力の源泉は、その国で生活する一人ひとりの国民の良質な想いと行動であることです。

93 自然体の愛国心が国を豊かにする

Patriotic spirit is the basis for national wealth

国民としてその国家のことを思わぬものはない。
これがすなわち愛国心と言うもので、
この心の強弱厚薄のいかんによりて、
その国の貧富もおのずから定まるのである。

【「渋沢栄一訓言集」・国家と社会】

†

現代の言葉で言うと……

自分の国のことを思わない者はいない。この自然体の思いが愛国心というものであり、その度合いによって、その国の豊かさが決まるのである。

もっと常識ある社会を次世代に残すべき

国民として自国のことを思うのは当然で、全く自然の人情です。これが愛国心というものであり、この心が強いか弱いか、あるいは厚いか薄いかによって、その国の豊かさや貧しさが定まります。

愛国心という言葉をタブーと思う社会。または、それを狂信化してしまう社会。あるいは、何も感じることがない社会。いずれにしても、常識ある社会とは言えません。

私たち現役世代は、このような非常識な社会を次世代に残すべきではありません。愛国心とは、もっと、もっと自然体な状態であるべきです。

無条件な愛が理想的な本質です。ただ、人は情に流される傾向があります。自分からは色々と相手に愛を送っているのに、その愛に対して相手から何も返ってこないと感じるときに、様々な問題が生じます。

日本国民は、「国」が自分の愛に応えていないと感じているのかもしれません。ただ、対人関係と同様に、それは単にコミュニケーションの欠如なのでしょう。

94 権利と義務は当たり前のこと

For every privilege,
there is a responsibility

すべての人はその生存しつつある国に対し、
自然に固有の権利と義務がある。

【「渋沢栄一訓言集」・国家と社会】

†

現代の言葉で言うと……

全ての人々は、自分が生活する国に対して、
当たり前の権利と義務がある。

交換条件でない権利と義務

全ての人に、自分が生を受けて生活している国に対して、自然に固有の権利と義務が生じますが、日常生活のクレーマーをはじめ、権利ばかりを主張する人々が少なくありません。しかし、忘れてはなりません。

権利があれば、当然ながら、その裏には必ず義務があります。

権利と義務の関係は明確であり、権利が増えれば、義務も増えます。権利を行使しておきながら、義務から逃れるということは許されません。

ただ、権利と義務とは、誰かが人に与えるものではなく、誰かが人に命令するものでもない、という認識も必要です。自分はお金を払うという義務を果たしたから権利を主張できる、という交換条件ではないのです。

国民として生まれたその日から、身に付いてくるものが権利と義務です。「人権」は尊ぶべき権利ですが、「仁義」も重んじるべき義務です。

また、投票の権利を持つ有権者という意識があるのであれば、投票所に足を運ぶ「義務を持つ者」という意識も持つべきです。放棄できることだけが権利ではありません。

95 「みんなのため」を口実に使うな

Don't use "public good" only for self-interest

公益を口実にして他の保護を求めるは、
日本人の通弊である。
世間には随分勝手な説を立てる者がある。

【「渋沢栄一訓言集」・道徳と功利】

†

現代の言葉で言うと……
よく日本人は「みんなのため」を口実にして保護を求める。
ずいぶん勝手な考えだ。

国民一人ひとりの意識向上も必要

日本人の一人ひとりが公益を意識し、事業の運営においても同じ心を持てば、企業倫理および社会的責任（CSR）などは自然に行われ、国の品位も高まります。

ただ、公益というと、それは自分の私益以外のところで、誰か他人がやってくれる事項と思うのが、日本人の一般的な感覚です。

本来、多様な価値観や立場の人々が形成する民の決定により、公の総合的な価値を高めることが民主主義の公益の定義ですが、特に日本では、役所や議会のように画一的な価値観を持った限られた人々が、公という名目で事柄を事実上、決めています。

一方、「みんなのため」という合言葉には、リスクが潜んでいます。情報の欠如などで判断能力が乏しい人々（みんな）に「民意」を委ねると、ポピュリズムに陥る可能性があるからです。また、「みんなのため」と言いながら、本当は「自分のため」と思っている政治家は少なくありません。

公益とは、国民一人ひとりが自分たちの行動でつくるものという意識が高まらなければ、真の公益、そして、国の品位を築くことができないのです。

96 責任転嫁が平和の敵なのだ

Blaming others for your own actions is the enemy

平和の破れた暁に、
わが国はあくまでも平和を希望したなれど、
かの国が云々ゆえ、勢い止むを得ぬなどと、
ただ己れを善くせんとするがごとき責任転嫁の弁解は、
これすでに平和の敵である。

【「渋沢栄一訓言集」・国家と社会】

†

現代の言葉で言うと……

相手が悪いからと自分の行動を正当化する責任転嫁こそ、平和の敵である。

争いの予兆を無視した、見逃したという責任

平和が失われた、そのときを想像してみましょう。

我々は、あくまでも平和を希望した。けれども、彼らが専制的に動いたので、我々は防衛のためやむを得ない処置を取った。

争いが国と国の間でも、人と人の間でも、このような説明をよく聞きます。確かに自己防衛という強烈な反応は、人間だけではなく生物の原則です。ただ、自分の行動を正当化する責任転嫁こそ、平和が失われる原因です。

争いには、二者が必要です。ほとんどの場合、両側に言い分があり、どちらかが絶対に正しいことも、絶対に間違っていることもありません。

また、争いが本格化する事前には、必ず、互いのすれ違いの予兆がありますが、それを無視していたか、見逃していた自分がいることも確かです。それは、自分の責任であるはずです。

平和とは、自然に発生するものではない。自分たちが意識を持ってつくる状態だ。このような責任感が平和を守るには必要です。

97 戦争は人災である

War is a man-made disaster

戦争は、洪水や噴火と異なって、
人心より発生するものである。

【「渋沢栄一訓言集」・国家と社会】

†

現代の言葉で言うと……

洪水や噴火のような天災ではなく、
戦争とは人々の心から発生する人災である。

平和とは人がつくるもの

台風や地震のような自然界の天災と異なって、戦争は、人の心から発生する人災です。自分が目の前に見えるものしか信じない。たまたま聞いたことしか信じない。実際には全体のごく一部しか見えていないのに、聞こえていないのに、それが絶対的な事実であると信じ込んでしまう恐ろしい現象が一般的です。一緒にパイを拡大する協働ではなく、互いのパイを奪い合う。これが、人間の本性なのでしょうか。

体内の他の細胞の存在にかかわらず拡大し続けるのが、がん細胞です。そういう意味では、地球という大生命体において人間という存在は、がんと同じ存在になってしまいます。

人間も自然体の一部です。そういう意味では、戦争などの争いは、人間の本性を現す自然現象なのかもしれません。したがって、平和とは、この世界の人間が高い意識を持って、自らつくらなければならない人工物です。

戦争とは、いつも「大人」が大人しくしないから、子供たちの平和と未来を奪っているのです。

98 外交の責任は国民にもある

Diplomacy is not just the affairs of the state, but the people

国交の親和は、単に政府当局者の責任に委すべきものではない。国民一般に親善の感情をもってこれに当たらねばならない。

【「渋沢栄一訓言集」・国家と社会】

†

現代の言葉で言うと……

国家間の外交は、政府間の責任だけではない。一般国民も親善な気持ちで努めるべきだ。

民間外交が相手国との関係を結ぶ

同じ山を見つめても、反対方向からの視点では、全く違う景色が見えてしまいます。向こうから見える景色は、彼らにとって戦争を象徴する神社に日本の政治リーダーたちが参拝している姿。こちらから見える景色は、日本企業がデモ隊に狙い撃ちされ、略奪されている無秩序な姿。

見えるものだけが相手の感情を全て表しているという錯覚に陥ってしまえば、相互的理解が深まるわけがありません。

政府は、国を一つの画一的な存在として外交に取り組まなければなりません。しかし、国を結成する国民が画一的で一枚岩とは決して言えず、多様な価値観を持っている人々が集まっているのが現実の姿です。

そういう意味では、様々な価値観を持つ国民が、それぞれの立場で相手国の様々な価値観を持つ国民としっかりと関係を築く民間外交が、二国の関係を結びつける絆となります。

争いが始まった場合、一番苦しむのは一般国民です。その国民が、争いがないようにそれぞれが自ら努めることは、当たり前ではないでしょうか。

99 よい政治は国民を困らせない

Good politics do not make trouble for the people

一般市民の困らぬよう国運の進歩をつとめて行くのが善政である。

【「渋沢栄一訓言集」・国家と社会】

†

現代の言葉で言うと……

一般市民が困らないように国が発展することに努めることがよい政治である。

よい政治にはよい国民が不可欠

はっきり言って、首相や政権が一年も持たない政治は、国民を困らせます。選挙が毎年訪れるお祭りになるのは、よい政治ではありません。

決まるべき政策の審議と決議が先延ばしされ、海外からは、日本の政治は「言うこと」と「やること」が一致しない、と信用が失われます。そもそも外国から日本では誰と話したらよいのかわからないと思われることは、国力・国益に致命的な状況です。

民主主義という社会制度において政治とは、国民を代表して国家の舵取りに努める働きです。一部の勢力、あるいは政治家自身の権益のために存在するものではないことは明らかです。

ただ、よい政治をつくるのは、政治家だけではありません。よい政治にならないのは、有権者である国民がその状態を許しているからに過ぎません。投票率が五〇％にも満たない状態では、政治家から「民意」を問われても、それに応えているとは言えないのです。

よい政治には、よい国民の存在が不可欠です。

100 人道とは人類の普遍的な指針

Humanity is a shared vision by all people

人道に東西の別はない。

【「渋沢栄一訓言集」・一言集】

†

現代の言葉で言うと……

正義感や倫理観は、人類が共有する普遍的な指針である。

子供や孫に今日よりも、よい明日を

人道は、英語でhumanitarianismと言います。つまり、主役は人であるという考えです。東西でも、南北でも、人は人。人は、それぞれの期待や希望、不安や欲望も感じます。外形の姿は千差万別ですが、本質的なパーツは、身体の外側でも、内側でも同じです。

ただ、人はお互いが「同じ」ということより、「違う」ということに焦点を当てる傾向があります。これは、人の性質、human natureと言えるかもしれません。だから、人間社会では争いが絶えることがないのです。

しかし、人は自分を相手の立場に置き換える想像力も持っています。思いやりです。自分のためだけではなく、他のために尽くすという行動力もあります。正義感です。

人は、自分の子供や孫たちという次世代に、今日よりも、よい明日を残したいという希望があります。これは、日本でも、アメリカや欧州でも、中国、韓国、アジア諸国でも、シリアでも、ガザでも共有している貴重な希望です。

人が歩むべき道を外れる一部の勢力に、世界の私たちは結束して負けてはなりません。今日よりも、よくなる明日へ。Share the Vision！

写真：渋沢史料館

おわりに

今の日本社会で、渋沢栄一への関心が絶えることなく、講演依頼が全国から引き続き入っています。渋沢栄一については、週に一〜三回ぐらいのペースで、どこかで、誰かにお話しをさせていただいています。新しい時代を拓くことに期待する思いが、日本人に強まっている表れでしょう。

もしかすると、夜明けの前の暗闇が増す時期が訪れるかもしれませんが、そのようなときこそ、本書に示してある栄一の言葉が読者の皆様の支えになることを願っています。

機会がありましたら、ぜひ、東京都北区の王子駅から徒歩五分の飛鳥山公園にある渋沢史料館までお越しいただき、栄一の世界に直接触れてみてください。あるいは、渋沢栄一記念財団のサイト（http://www.shibusawa.or.jp）にアクセスしていただき、様々なコンテンツをご覧いただければ幸いです。

日本経済新聞出版社から単行本のご依頼をいただいた白石賢さんと武安美雪さん、そして、文庫本として再現していただいた本書の編集にあたった桜井保幸さんには、この場を借りて、心より御礼を申し上げたいと思っております。

そして、何より、本書を手に取ってくださった読者の皆様、本当にありがとうございました。ブログ、SNS、『論語と算盤』経営塾オンラインなど、色々な媒体で日々つぶやいておりますので、今後ともどうぞよろしくお願いいたします。

これから、共に日本の新しい時代を拓きましょう。

二〇一五年十二月吉日

渋澤　健

本書は、2013年2月に日本経済新聞出版社が刊行した『渋沢栄一　明日を生きる100の言葉』を改題、文庫化したものです。

日経ビジネス人文庫

渋沢栄一《しぶさわえいいち》 100の金言《きんげん》

2016年1月5日 第1刷発行

著者
渋澤 健
しぶさわ・けん

発行者
斎藤修一
発行所
日本経済新聞出版社
東京都千代田区大手町1-3-7 〒100-8066
電話(03)3270-0251(代) http://www.nikkeibook.com/
ブックデザイン
鈴木成一デザイン室
印刷・製本
凸版印刷

Printed in Japan ISBN978-4-532-19785-8